SEGUNDO DE PRIMARIA

APRENDER ES CRECER

JUNTOS

Segundo trimestre

María Isabel Fuentes
Paqui García de Dionisio
Ana M.ª García Luque

ANAYA

Índice

8 **La vida en la charca** PÁGINA 80	9 **En mi planeta hay plantas** PÁGINA 118	10 **Visitamos un vivero** PÁGINA 156
Fábulas: *Fábulas.*	Cuento: *Había una vez...*	Cuento (y poesía): *El profesor Misterio.*
Palabras compuestas.	Antónimos con *des-* y con *in-*.	Familias de palabras.
El guion.	La letra **r**.	Palabras terminadas en **-illo/-illa**.
Los demostrativos.	El género: masculino y femenino.	El número: singular y plural.
Contar noticias. Escribir el titular de una noticia.	Contar un cuento. Completar un cómic.	Describir un objeto. Las instrucciones.
Números del 700 al 799. Mayor que y menor que.	Números del 800 al 899. Anterior y posterior.	Números del 900 al 999. Conceptos de numeración.
Sumas de tres sumandos con llevadas. La multiplicación. Tabla del 1. Sumar 10 a números de dos y tres cifras.	Tabla del 2. El doble. Tabla del 3. El triple. Restar 10 a números de dos y tres cifras.	Tabla del 4 y del 5. Sumar 10 a números de tres cifras.
Taller de problemas: Identificar la pregunta.	Taller de problemas: Escribir la pregunta.	Taller de problemas: Seleccionar los datos a partir de una tabla.
Líneas rectas, curvas y poligonales.	El litro, el medio litro y el cuarto de litro.	Los polígonos. Elementos de un polígono. Cuadros de doble entrada.
Los anfibios. Curiosidades animales. Proyecto: Guardianes de la Naturaleza.	Las plantas: características y partes. Tipos de plantas: árbol, arbusto, hierba. Plantas con flor y sin flor.	Plantas silvestres y cultivadas. Utilidades de las plantas. Experimento: el tallo de las plantas.
Paisajes de interior y de costa. Rocas y minerales.	La Tierra y el sistema solar. Los movimientos de la Tierra.	Los medios de transporte. Educación vial.
Inteligencia intrapersonal: Pensar antes de actuar. **Inteligencia visual-espacial:** Recomendar una ruta.	**Inteligencia lingüística:** Relacionar palabras. **Inteligencia interpersonal:** Pedir ayuda.	**Inteligencia naturalista:** Cuidar nuestro planeta. **Inteligencia lingüística:** Hacer una entrevista.

REPASO TRIMESTRAL

TAREA TRIMESTRAL

6 EL AGUA ES VIDA

Observamos

1 Yo lo veo, ¿tú lo ves? Dibuja el animal al que pertenece esta boca. Después escribe cómo se llama la boca de las aves.

Hablamos

2 ¿Crees que la nieve de las montañas es agua? ¿En qué se diferencia de la de la cascada? ¿Cómo crees que es el agua de la laguna, dulce o salada?

3 ¿Sabes cómo nace un patito, del vientre de su madre o de un huevo? Explícalo.

Y… empezamos

4 Une cada característica con el animal que corresponda. Después, escribe qué tipo de animal es cada uno.

- Tiene aletas.
- Tiene plumas.
- Vuela.
- Tiene escamas.
- Tiene alas.
- Nada.

Es un ______.

Es un ______.

PRIMERA PARTE

11

¡Que me mojo!

Volvemos a clase

En las nubes, las gotitas
se dedican a aprender
a caer todas juntitas
para que pueda llover.

En cada nube, un colegio,
y un trueno por profesor.
Organiza a todos ellos
don Sol, sin par director.

Y cuando están preparadas,
los profes dan la señal,
salen todas, encantadas,
pegando un salto mortal.

En los charcos, en lagunas,
en los ríos o en el mar,
sin que se pierda ninguna,
todas juegan sin parar.

Se deslizan por los prados,
patinan por las corrientes,
se columpian en las olas,
ágiles y sonrientes.

Y cuando se les acaban
las vacaciones,
don Sol les manda unos rayos
transportadores.

Y se lleva a las gotitas,
de mil amores,
renovadas y contentas,
de vuelta al cole.

M.ª I. Fuentes

Comprendo la lectura

1 Une para formar oraciones sobre la poesía y escribe la que indica quién enseña en las nubes.

En las nubes hay	las alumnas.
Las gotitas son	colegios.
Los profesores son	el director.
Don Sol es	truenos.

2 Escribe cuatro palabras de la poesía que estén relacionadas con el agua.

charco

Inteligencia intrapersonal: Interesarse por aprender

Elige un tema que te interese y explica qué tipo de actividades relacionadas con él te gustaría realizar en tu tiempo libre.

Onomatopeyas

Lee y aprende.

¡Glu, glu!	¡Croac!	¡Toc, toc!

Con el lenguaje podemos imitar distintos **sonidos** gracias a las onomatopeyas.

1 Rodea en cada caso la onomatopeya correspondiente y escríbela.

Aplausos	Risas	Llanto
¡Plas, plas!	¡Achís!	¡Ring, ring!
¡Din, don!	¡Ja, ja!	¡Guau!
¡Beee!	¡Cua, cua!	¡Bua, bua!

2 Busca, en la actividad anterior, los sonidos que hacen estos animales y escríbelos.

Números del 500 al 599

Observa, lee y aprende.

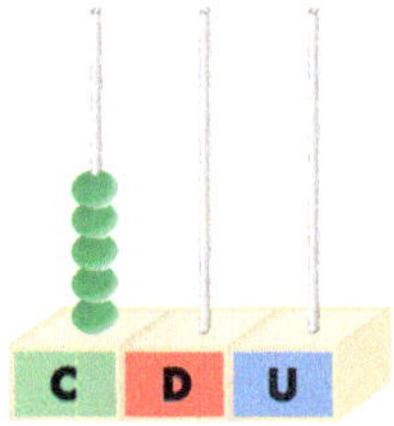

C	D	U
5	0	0

quinientos

5 C = 50 D = 500 U

1 Escribe los números de los veleros en letra. Después, ordénalos de menor a mayor.

____

____

____

____

☐ < ☐ < ☐ < ☐

2 Colorea según el código y completa.

Números mayores que 550. → (azul)

Números menores que 550. → (verde)

Pares: ☐ ☐ ☐ ☐

Impares: ☐ ☐ ☐

3 Calcula.

Suma 5 unidades.

520 ⇨ ☐

512 ⇨ ☐

503 ⇨ ☐

Suma 3 decenas.

539 ⇨ ☐

550 ⇨ ☐

506 ⇨ ☐

4 Continúa la serie sumando 10.

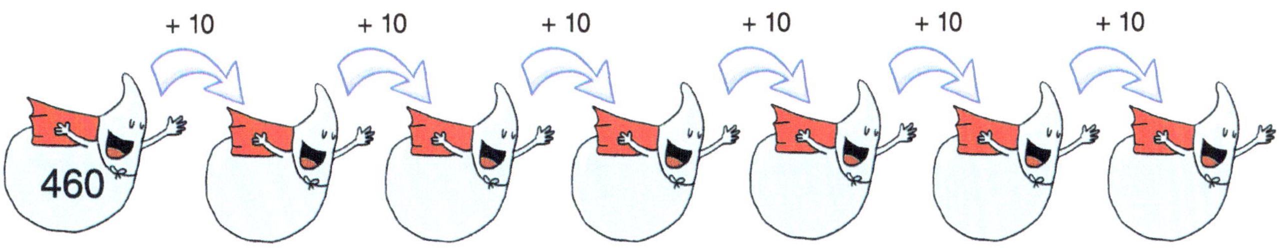

Las aves

Observa, lee y aprende.

El pato, el jilguero, la gallina, la cigüeña… son aves.

¿Sabías que...?

El pingüino es un ave pero no vuela. Utiliza sus aletas para nadar y bucear, y las patas para andar.

- Son animales vertebrados; es decir, tienen esqueleto interno.
- Respiran por pulmones.
- Tienen el cuerpo cubierto de plumas. Todas tienen pico, dos patas y dos alas.
- Son animales ovíparos porque nacen de los huevos que pone su madre.

La mayoría de las aves se desplazan volando, aunque hay aves, como la gallina o el avestruz, que no pueden hacerlo.

Completa escribiendo las partes del cuerpo del pájaro.

1 Lee, subraya las oraciones verdaderas y vuelve a escribir las falsas correctamente.

Las aves son vivíparas.

Casi todas las aves se desplazan volando.

La aves no tienen esqueleto.

El buitre tiene dos patas y dos alas.

Las aves respiran por pulmones.

2 Escribe el nombre de esta ave y señala sus características.

Es una ______.

- [ ] Es un animal vivíparo.
- [ ] Tiene plumas.
- [ ] Es un animal invertebrado.
- [ ] Tiene dos patas y dos alas.
- [ ] Tiene dientes.
- [ ] Es ovíparo.
- [ ] Es mamífero.
- [ ] Respira por pulmones.
- [ ] Tiene pico.
- [ ] Tiene esqueleto interno.

La g y la j

Lee y aprende.

Miguel y Guille son gemelos y van juntos al colegio.

Los dos llevan un jersey rojo y una mochila con una jirafa.

En gue, gui la g suena suave, igual que en ga, go, gu.

En ge, gi la g suena fuerte, igual que la j.

Aunque ge, gi y je, ji suenen igual, algunas palabras se escriben con g, como gemelos y colegio, y otras se escriben con j, como jersey y jirafa.

1 Lee y fíjate si estas palabras se escriben con **g** o con **j**.
Después, escribe cada nombre donde corresponda.

gelatina - ajedrez - girasol - juguetes - brujita - guitarra

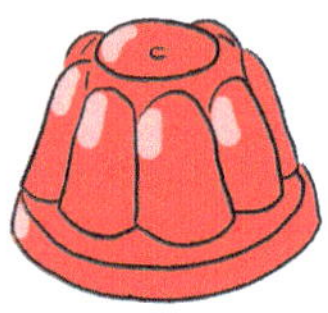

Observa cómo se escriben estas palabras.

girasol jirafa

2 Ordena las sílabas y escribe las palabras con **j**.

je - ti- ras

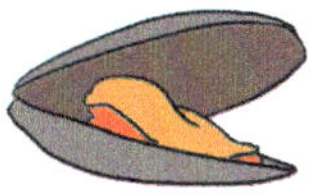
llón - ji - me

ren - be - na - je

3 Sustituye los dibujos por palabras con **g** o con **j** y escribe la oración.

El  se ducha con 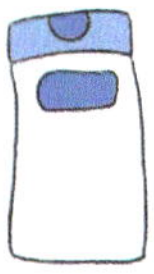.

La  come .

4 Prepara el dictado

Miguel recoge los juguetes. El jersey de Jorge es rojo. La brujita Gisela hace magia.

Taller de escritura

Una pista
Todas las palabras contienen la **g.**

1 Lee las definiciones, observa los dibujos y completa el crucigrama.

1. Nos lavamos el cuerpo con él.
2. Es el champú que usan los calcetines.
3. Es donde se guardan los helados.
4. Parece un flan transparente que tiembla.
5. Es el lugar donde los niños y las niñas van a aprender.

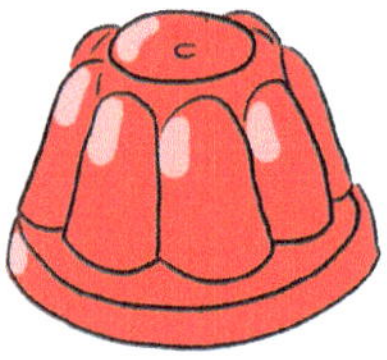
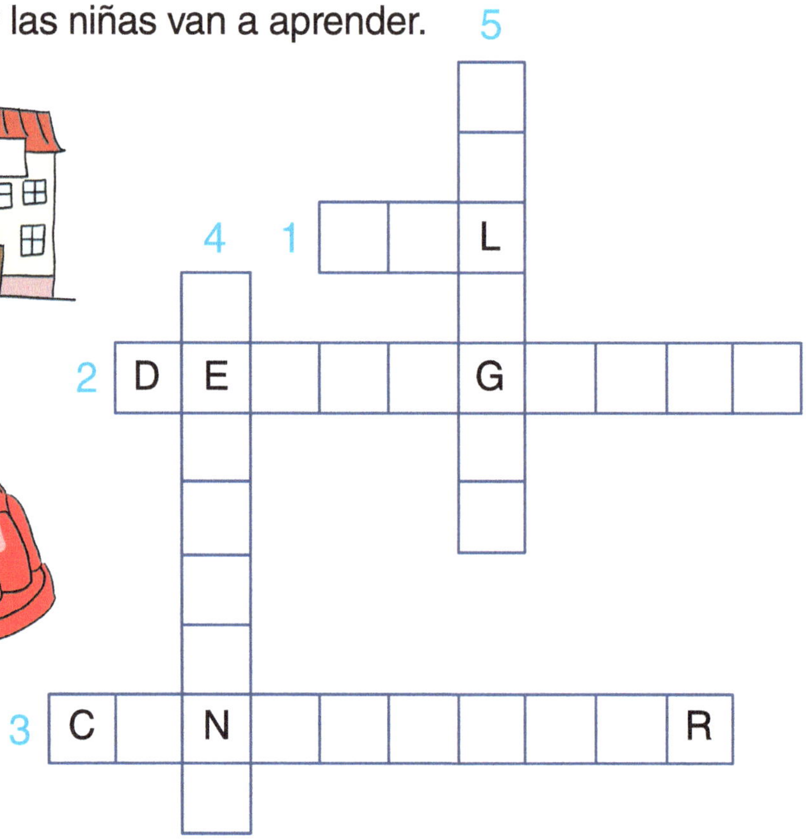

2 Completa con **ger** o **gir** y une para formar oraciones.

El jersey puede ele_____.
Se oía a un león enco_____.
No sé qué cuento ru_____.

3 En estas oraciones faltan dos vocales: la **i** y la **e**. Escríbelas tú y rodea las palabras que llevan **g** o **j**.

La j_rafa com_ hoj_tas.

_l g_n_o sab_ hac_r mag_a.

L_o una pág_na de la ag_nda.

4 Elige los objetos que hacen los sonidos que se indican, dibújalos y escribe sus nombres.

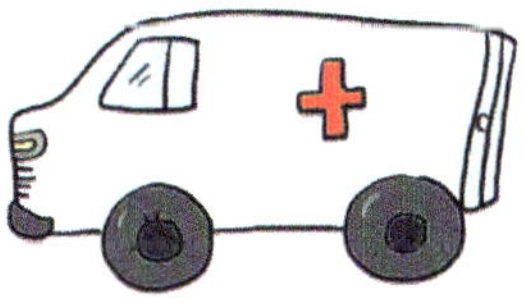

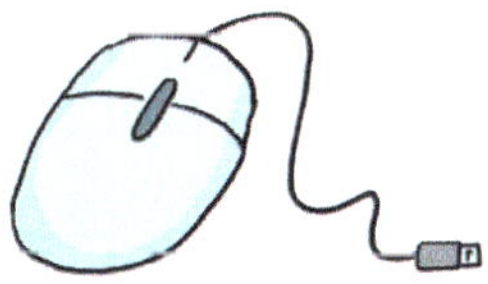

Ordinales del 10.° al 20.°

Observa, lee y aprende.

11.° 12.° 13.° 14.° 15.° 16.° 17.° 18.° 19.° 20.°

Los números ordinales que indican la posición o el orden detrás del décimo puesto se escriben así:

11.° undécimo o décimo primero

12.° duodécimo o décimo segundo

13.° décimo tercero

14.° décimo cuarto

15.° décimo quinto

16.° décimo sexto

17.° décimo séptimo

18.° décimo octavo

19.° décimo noveno

20.° vigésimo

1 Escribe con letra el número ordinal anterior y el posterior.

ordinal anterior | ordinal posterior

_______________ 

____

_______________ 

____

2 Observa el dibujo y escribe el puesto en el que van los siguientes nadadores.

3 Observa el lugar que ocupan estos peces en la serie y contesta.

¿Qué pez ocupa el décimo lugar? ____________________

¿De qué color es el anterior al 15º? ____________________

¿Qué posición ocupa el pez morado? ____________________

4 Las letras del abecedario también están escritas en orden.
Observa y colorea las que ocupan el 8.°, 12.°, 18.° y 20.° lugar.

A	B	C	D	E	F	G	H	I	J
K	L	M	N	Ñ	O	P	Q	R	S
T	U	V	W	X	Y	Z			

El agua: características

Observa, lee y aprende.

Las personas, los animales y las plantas necesitamos el agua para vivir. Por eso, es necesario conservarla y es muy importante no contaminarla, ni malgastarla.

El agua no tiene olor, ni sabor, ni color. Y además, no tiene forma; toma la forma del recipiente que la contiene.

Las personas utilizamos el agua para beber, para regar las plantas, para lavarnos, para cocinar…

Además, aprovechamos la fuerza del agua para producir energía eléctrica.

¡Cuidado!

El agua potable es la que podemos beber. Quizá hayas visto alguna vez el cartel «Agua no potable» en una fuente. Eso significa que no se puede beber.

1 Rodea el vaso que contiene agua y completa el texto.

El agua no tiene ________, ni ________,

ni ________, ni tampoco ________.

Agua sólida, líquida o gaseosa

Observa, lee y aprende.

El agua no siempre es líquida; podemos encontrarla en tres estados diferentes:

- En estado líquido, como el agua que bebemos.
- En estado sólido: si enfriamos mucho el agua, llega a convertirse en hielo. El hielo es agua en estado sólido.
- En estado gaseoso: si calentamos mucho el agua, se transforma en vapor, que es agua en estado gaseoso.

¿Sabes distinguir los distintos estados del agua? Escribe **sólido**, **líquido** o **gaseoso**, segun corresponda.

1 Observa y explica qué puede ocurrir y por qué.

SEGUNDA PARTE

12

¡Que me mojo!

Juego submarino

Entre los bellos corales
del arrecife
los peces pequeños juegan
al escondite.

Un pez globo se la liga,
ya ha comenzado a contar,
pero equivoca la cuenta
y todos se enfadarán.

—¡Cuenta bien y no hagas trampas!
—un pez raya le regaña—.
No nos mires mientras cuentas
y no pases de esta raya.

El pez globo se desinfla,
pues ha sido sin querer,
es un pez muy chiquitito
y no sabe contar bien.

Un pez payaso le ayuda,
le recuerda el dos y el tres,
que hay que pasar por el cuatro,
luego el cinco y... ¡ya está el seis!

Y lo que ninguno quiere
es que le toque contar
al pequeño pez linterna...
¡Siempre encuentra a los demás!

Unos se esconden de lujo,
otros se ocultan peor
y todos desaparecen
si se acerca un tiburón.

M.ª I. Fuentes

Comprendo la lectura

1 Contesta.

¿A qué juegan los peces pequeños? ______________________

¿A qué pez le toca contar? ______________________

¿Qué pez le ayuda a contar bien? ______________________

2 Rodea el pez que los demás no quieren que se la ligue en el escondite, escribe su nombre y explica por qué.

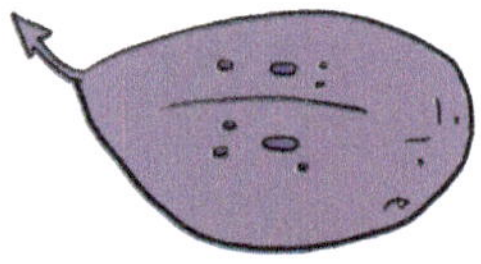

____

____

____

____

Inteligencia lógico-matemática: Ordenar por tamaños

Ordena los siguientes peces según su tamaño, del más pequeño al más grande, escribiendo los números ordinales que correspondan.

Onomatopeyas

Lee y aprende los sonidos que hacen estos animales.

El lobo aúlla.

La oveja bala.

El caballo relincha.

La gallina cacarea.

1 Elige y escribe lo que hace cada animal. Después, une con el sonido correspondiente.

pía - aúlla

El pollito ______.

ruge - muge

La vaca ______.

maúlla - ladra

El gato ______.

bala - rebuzna

El burro ______.

¡Muuu!

¡Pío, pío!

¡Hiaaa, hiaaa!

¡Miau!

La resta con llevadas

Observa, lee y aprende.

Recuerda cómo pasar de centenas a decenas.

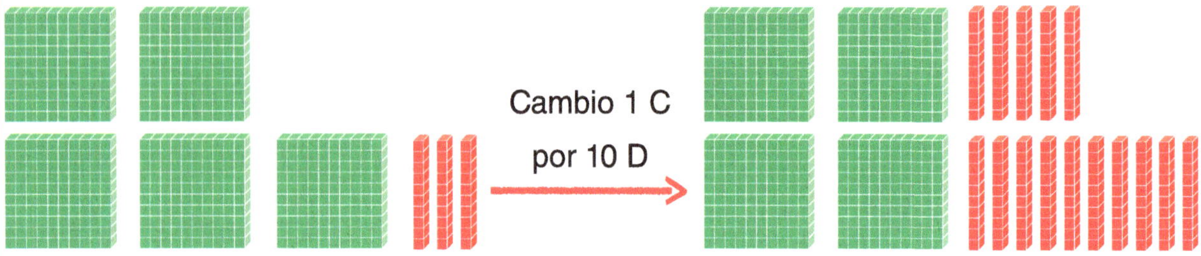

5 C 3 D → 4 C 13 D

	C	D	U
	5	2 ~~3~~	15 ~~5~~
−	3	5	8
			7

	C	D	U
	4 ~~5~~	12 ~~3~~	15 ~~5~~
−	3	5	8
		7	7

	C	D	U
	4 ~~5~~	12 ~~3~~	15 ~~5~~
−	3	5	8
	1	7	7

1.° Primero restamos las unidades. Como 5 < 8, pasamos una decena a las unidades. Restamos:
15 U − 8 U = 7 U

2.° Continuamos por las decenas. Como 2 < 5, pasamos una centena a las decenas. Restamos:
12 D − 5 D = 7 D

3.° Finalmente, restamos las centenas.
4 C − 3 C = 1 C

1 Resuelve las restas. Después, rodea con el mismo color las restas que den el mismo resultado.

	C	D	U
	3	6	5
−	2	9	6

	C	D	U
	2	2	8
−	1	5	9

	C	D	U
	5	2	1
−	3	7	2

	C	D	U
	4	3	6
−	2	8	7

2 Coloca, calcula las restas y rodea el resultado de cada operación.

Minuendo: 308
Sustraendo: 249

Minuendo: 513
Sustraendo: 468

Minuendo: 413
Sustraendo: 366

Minuendo: 244
Sustraendo: 158

3 En el acuario de Valencia hay 243 peces. Si se llevan 159 al acuario de Madrid, ¿cuántos peces quedan en el de Valencia?
Piensa la operación, calcula y completa.

Quedan ____ peces.

4 Cálculo mental. Resta 10

40 – 10	90 – 10	80 – 10	60 – 10
30 – 10	70 – 10	50 – 10	20 – 10

Los peces

Observa, lee y aprende.

La trucha, la merluza, la sardina… son peces.

- Son animales vertebrados; tienen un esqueleto interno llamado espina dorsal.
- Respiran por branquias.
- Tienen su cuerpo cubierto de escamas.
- Tienen aletas y una cola que les permiten nadar.
- Son ovíparos; ponen huevos en el agua y de ellos nacen las crías.

Recuerda

El delfín, la ballena y la orca son mamíferos marinos.

Además, existen otros animales, como el pulpo, la gamba, el cangrejo, el mejillón…, que, aunque viven en el agua, tampoco son peces.

Completa escribiendo las partes del cuerpo que faltan de este pez.

Algunos peces viven en las aguas saladas de mares y océanos; por ejemplo:

Otros viven en las aguas dulces de ríos, lagos y lagunas; por ejemplo:

1 Colorea lo que tiene que ver con los peces y completa el texto con esas palabras.

escamas	mar	branquias	aletas y cola	pulmones
ovíparo	aire	vuelan	espina dorsal	plumas

El besugo es un pez que vive en el ____________.
Su esqueleto interno se llama ____________
____________. Nace de un huevo, por ello es
un animal ____________. Su cuerpo está
cubierto de ____________. Tiene ____________
y ____________, y respira dentro del agua,
gracias a las ____________.

2 Recuerda que hay animales que viven en el agua pero no son peces. Señala lo que corresponda en cada caso.

	Es un pez.	No es un pez.	Vive en el mar.	Vive en el río.
Pulpo				
Boquerón				
Delfín				
Barbo				
Langostino				

El adjetivo

Lee y aprende.

¿Cómo son los peces?

El pez grande es azul.

El pez pequeño es amarillo.

Las palabras que utilizamos para indicar cómo son las personas, los animales, las plantas, los objetos... son adjetivos.

1 Rodea las palabras que indican cómo es cada fruta.

cereza	amarilla - pequeña - roja - redonda
sandía	pequeña - grande - redonda - amarilla
plátano	redondo - amarillo - rojo - alargado

2 Elige y completa los títulos de los cuentos con los adjetivos que correspondan.

guapo - feo - azul - valiente - cobarde - feroz

El patito ______.

El sastrecillo ______.

3 Observa el dibujo y completa la oración con tres adjetivos que indiquen tamaño.

La silla del papá oso es ____________, la de la mamá osa es ____________ y la del osito es ____________.

4 Subraya los adjetivos que aparecen en el poema y escribe cada uno al lado del nombre que corresponda.

Casa

Ventanas azules,
verdes escaleras,
muros amarillos
con enredaderas,
y, en el tejadillo,
palomas caseras.

Clemencia Laborda

escaleras → ____________ ventanas → ____________

palomas → ____________ muros → ____________

5 Prepara el dictado

Veo una jirafa en el zoológico. Un león cojito ruge en la jaula.

Monedas y billetes de euro

Recuerda
El símbolo del euro es: €.

Observa, lee y recuerda.

Estas son las monedas y algunos de los billetes de euro.

MONEDAS

BILLETES

 = 100 céntimos

 = 200 céntimos

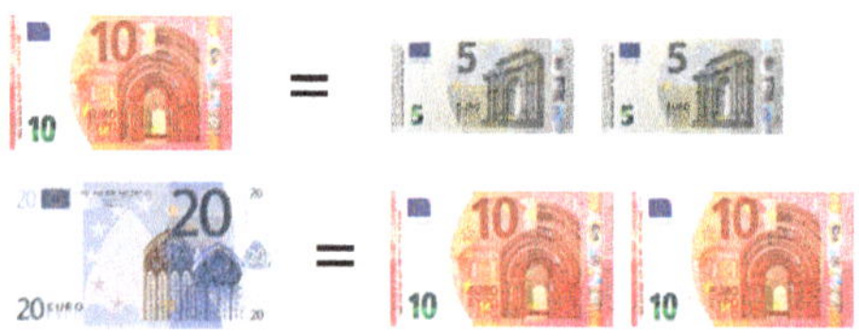

1 Observa el ejemplo y completa las equivalencias.

 = 100 céntimos

 = ☐ céntimos

 = ☐ céntimos

 = ☐ céntimos

2 Jorge quiere cambiar este billete por monedas de 1 euro. Dibuja las monedas que le tiene que dar su padre.

3 Observa el precio de estos objetos y contesta las preguntas.

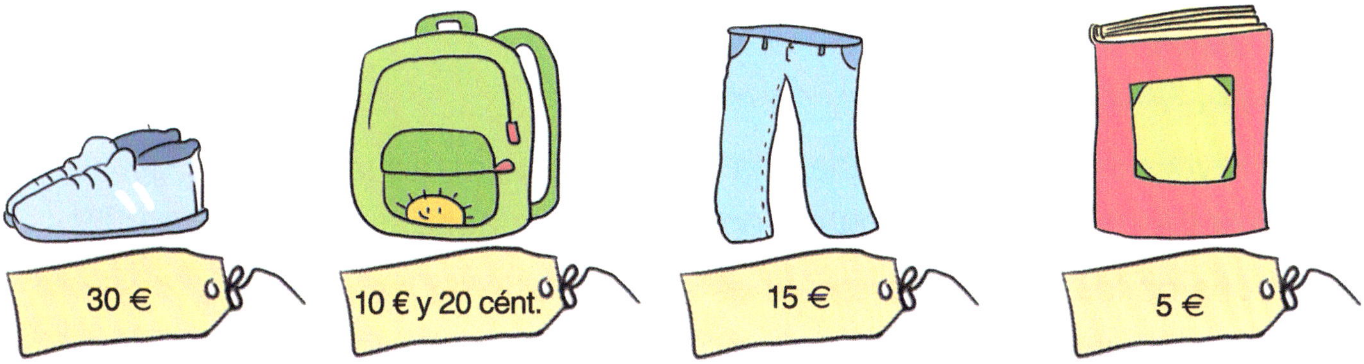

- ¿Cuál es el más caro?

____

- ¿Cuál es el más barato?

____

- Si compras los pantalones y pagas con un billete de 20 €, ¿cuánto dinero te sobra?

Sobran ☐ euros.

- ¿Cuánto dinero necesitas para comprar las zapatillas y el libro? Calcula.

Necesito ☐ euros.

4 Escribe el dinero que tiene Alejandra en su hucha y rodea los objetos que puede comprar con él.

☐ euros y ☐ céntimos.

El agua en la naturaleza

Observa, lee y aprende.

La mayor parte de nuestro planeta está cubierta de agua. Podemos encontrarla en mares, océanos, ríos, lagos…

El agua de los mares y los océanos es salada; la de los ríos y los lagos es dulce.

Debajo de la tierra también podemos encontrar agua; es el agua subterránea. Sale al exterior a través de fuentes naturales o manantiales.

Además, en la Tierra hay agua acumulada en las nubes, y agua en forma de hielo y nieve en las cumbres de las montañas.

El curso de un río es el recorrido que hace desde que nace hasta que desemboca.

Observa dónde nace este río y el recorrido que hace hasta que desemboca en el mar.

Además de en el río, ¿en qué otros lugares de la imagen hay agua?

1 Señala V (verdadero) o F (falso).

	V	F
El agua de los mares es salada y no se puede beber.		
El lugar donde nace un río se llama desembocadura.		
El agua de los ríos y los lagos es dulce.		
Regamos las plantas con agua salada.		

El ciclo del agua

Observa, lee y aprende.

El agua de la naturaleza se transforma y cambia constantemente de estado; a este proceso se le llama ciclo del agua.

1 El sol calienta el agua de mares, ríos, etc., y esta se convierte en vapor de agua.

2 El vapor de agua se enfría y se convierte en gotas de agua que forman las nubes.

3 Cuando las gotas de agua de las nubes se enfrían, caen en forma de lluvia, nieve o granizo.

4 El agua de la lluvia cae sobre la tierra, los ríos, los lagos, los mares… Y el ciclo vuelve a empezar.

Explica el ciclo del agua con ayuda de la imagen. Después, coloca cada número donde corresponda.

Expresión oral: Describir a una persona

Lee la descripción y averigua a quién tiene que entrevistar Jorge.

Para describir usamos muchos **adjetivos**. Puedes utilizar algunos de estos: joven, mayor, alto/a, rubio/a, deportista, listo/a…

1 Elige a alguien de esta escena y escribe cómo es y cómo viste. Después, jugad en grupos a describir y a adivinar de quién se trata.

Expresión escrita: Describir a una persona

Lee la descripción que ha hecho Jorge de la persona a la que ha entrevistado.

> Ana María es una mujer amable y simpática. Le encanta viajar por lugares lejanos. Es muy habladora y le gusta contar todos los detalles de sus viajes.

Describir es explicar cómo es algo o alguien. Para describir a una persona, además de fijarnos en su aspecto físico, también podemos tener en cuenta su forma de ser y lo que le gusta hacer.

1 Observa cómo es Jorge y lo que le gusta hacer. Imagina su forma de ser. Después, escribe su descripción.

Taller de problemas: Elegir la operación adecuada

1 Colorea la operación adecuada en cada problema y resuélvelo.

- En la tienda de animales había 284 pájaros. Si en esta semana han vendido 132, ¿cuántos **pájaros** quedan en la tienda?

284 – 132 | 284 + 132

Solución: Quedan ______ ______________.

- Los padres de Jimena le han comprado un canario que ha costado 6 euros. Si han pagado con un billete de 20 euros, ¿cuánto dinero **les han devuelto**?

20 + 6 | 20 – 6

Solución: Les han devuelto ______ ______________.

- En la tienda de animales también venden peces. Tenían 345 y han recibido 233 peces más. ¿Cuántos peces **hay en total** en la tienda?

345 – 233 | 345 + 233

Solución: En total hay ______ ______.

- Jaime se ha gastado 35 euros en peces para su pecera y 27 euros en comida para sus animales. ¿Cuántos euros se ha gastado **en total**?

35 + 27 | 35 – 27

Solución: Se ha gastado ______ ______.

Repaso de la unidad

1 Escribe cada onomatopeya donde corresponda.

¡Achís! - ¡Piii! - ¡Quiquiriquí! - ¡Tolón, tolón!

silbato ⇨ ______ campana ⇨ ______

estornudo ⇨ ______ gallo ⇨ ______

2 Completa con palabras con **g** o **j** y rodea los adjetivos.

La ______ tiene el cuello largo.

El ______ es una flor amarilla.

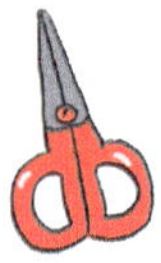

Estas ______ son pequeñas.

3 Julia y Ángel quieren ir al cine. Observa lo que valen las entradas, cuenta el dinero que tienen en total y contesta.

- ¿Cuánto dinero tienen? ______ euros.
- ¿Pueden ir al cine? Rodea la respuesta correcta.

  Sí. No.

- ¿Cuánto dinero les sobra? ______ euros.

4 Ordena estas oraciones que describen el ciclo del agua escribiendo los números ordinales correspondientes.

☐ El agua cae en forma de lluvia, nieve o granizo.

1.° El agua se calienta y se evapora.

☐ El agua llega a la tierra, y el ciclo comienza de nuevo.

☐ Se forman las nubes.

5 Contesta.

¿Tiene escamas?		
¿Es ovíparo?		
¿Es vertebrado?		
¿Tiene aletas?		
¿Tiene pulmones?		
¿Qué tipo de animal es?		

Busca y señala las seis diferencias.

7 ¡ANIMALES SORPRENDENTES!

Observamos

1 Yo lo veo, ¿tú lo ves? Dibuja el animal que está fotografiando el niño. ¿Sabes cómo se llama? Escribe su nombre.

Hablamos

2 ¿Dónde crees que están estos niños? ¿Sabes los nombres de todos los animales que aparecen en la escena? Nómbralos.

3 ¿Qué tiempo hace en el exterior de la sala? Descríbelo.

Y… empezamos

4 Señala la escena en la que crees que hace viento. Escribe por qué has llegado a esta conclusión.

PRIMERA PARTE

13

Cuéntame una leyenda

La piel del cocodrilo

Hoy, en clase, hemos estado buscando en Internet algunas curiosidades sobre animales. En mi grupo, hemos elegido al cocodrilo y hemos encontrado una leyenda africana muy interesante, en la que se explica por qué la piel de los cocodrilos es como la conocemos. Te la voy a contar:

«En algunas aldeas de Namibia cuentan que hace mucho, mucho tiempo, el cocodrilo tenía la piel lisa y dorada como el oro. Pasaba todo el día debajo de las aguas llenas de lodo y salía solamente durante la noche, cuando la luna se reflejaba en su brillante y lisa piel. Los animales, que iban a esas horas a beber, lo miraban fascinados.

El cocodrilo, satisfecho por la admiración que causaba su piel, empezó a salir durante el día para presumir de ella.

Pero sucedió que el sol brillante fue secando la capa de fino y reluciente barro que cubría la piel del cocodrilo. Poco a poco fue perdiendo su brillo y cuarteándose hasta que se quedó como ahora la conocemos: cubierta de grandes y duras escamas de color pardo».

Así es como, desde entonces, el cocodrilo ha tenido que aprender a pasar desapercibido; sin deslumbrar a ningún animal con su brillante piel.

Aunque pensándolo bien, tampoco estará nada mal poder tomar el sol tranquilamente, sin que nadie le moleste, ¿no te parece?

Comprendo la lectura

1 Elige y completa el texto sobre la lectura.

canción - leyenda - cocodrilo - camaleón - plateada - dorada

Los niños encontraron una ______.

Trataba sobre la piel del ______,

que, al principio, era lisa y ______.

2 ¿Por qué empezó a cambiar la piel del cocodrilo? Señala y escribe la respuesta correcta.

- ☐ Porque con la luz de la luna el agua era más brillante.
- ☐ Porque con el calor del sol se secó el barro de su piel.
- ☐ Porque con el agua se quitó el barro.

______

______

Inteligencia intrapersonal: Aceptarnos como somos

Al cocodrilo le gustaba su piel. Escribe tres aspectos que te gusten de tu forma de ser.

______

______

______

Palabras derivadas

Lee y aprende.

Las palabras **pastelero, pastelera** y **pastelería** se forman a partir de la palabra **pastel.**

pastel

pastelero

pastelera

pastelería

Las palabras derivadas son las que se forman a partir de otras.

1 Rodea las derivadas de estas palabras según el código de color.

zapato   pan   reloj

El zapatero me arregló las botas.

Mi abuelo fue relojero.

Guardo la barra en la panera.

Te espero en la relojería.

La panadera hace rosquillas.

En la relojería te cambian la pila.

2 Completa con palabras derivadas de las destacadas.

Pongo la *fruta* en el ______________.

Compro *pescado* en la ______________.

Números del 600 al 699

Observa, lee y aprende.

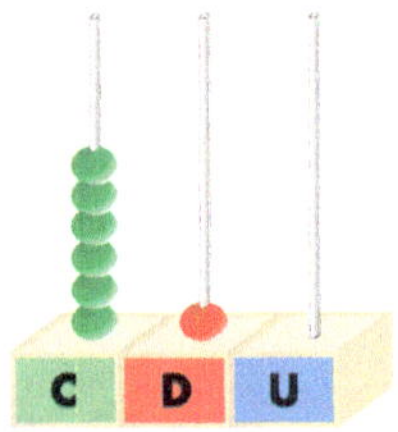

C	D	U
6	1	0

seiscientos diez

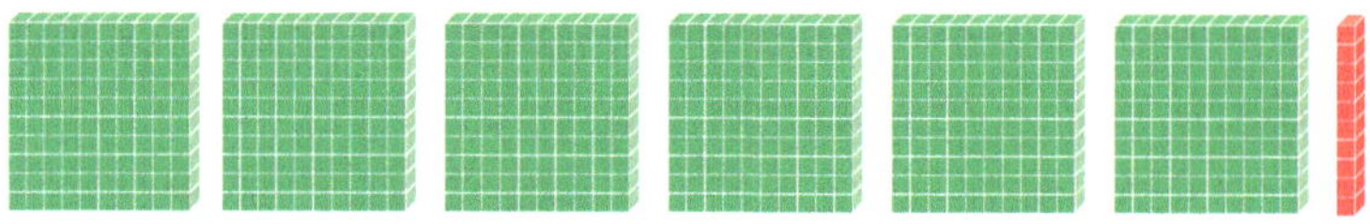

6 C + 1 D = 600 + 10

1 Escribe los números que representan los ábacos y completa la tabla.

672

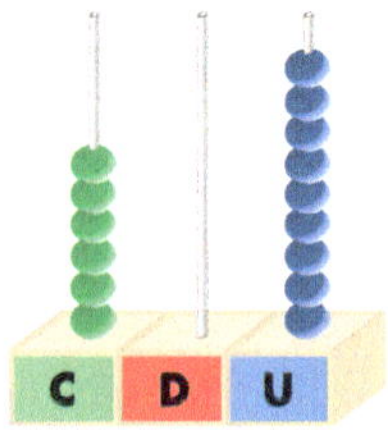

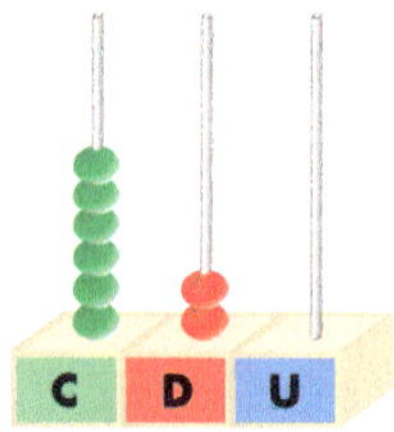

672	seiscientos setenta y dos	600 + 70 + 2

2 Piensa y escribe los números que se indican.

624 más tres decenas →

648 menos dos unidades →

3 Colorea el número que corresponda en cada caso.

6 centenas, 2 decenas y 1 unidad →	612	621
6 centenas y 5 unidades →	650	605
6 centenas y 8 decenas →	680	608

4 Une los números del 650 al 670 y descubrirás un fabuloso reptil. Después, coloréalo.

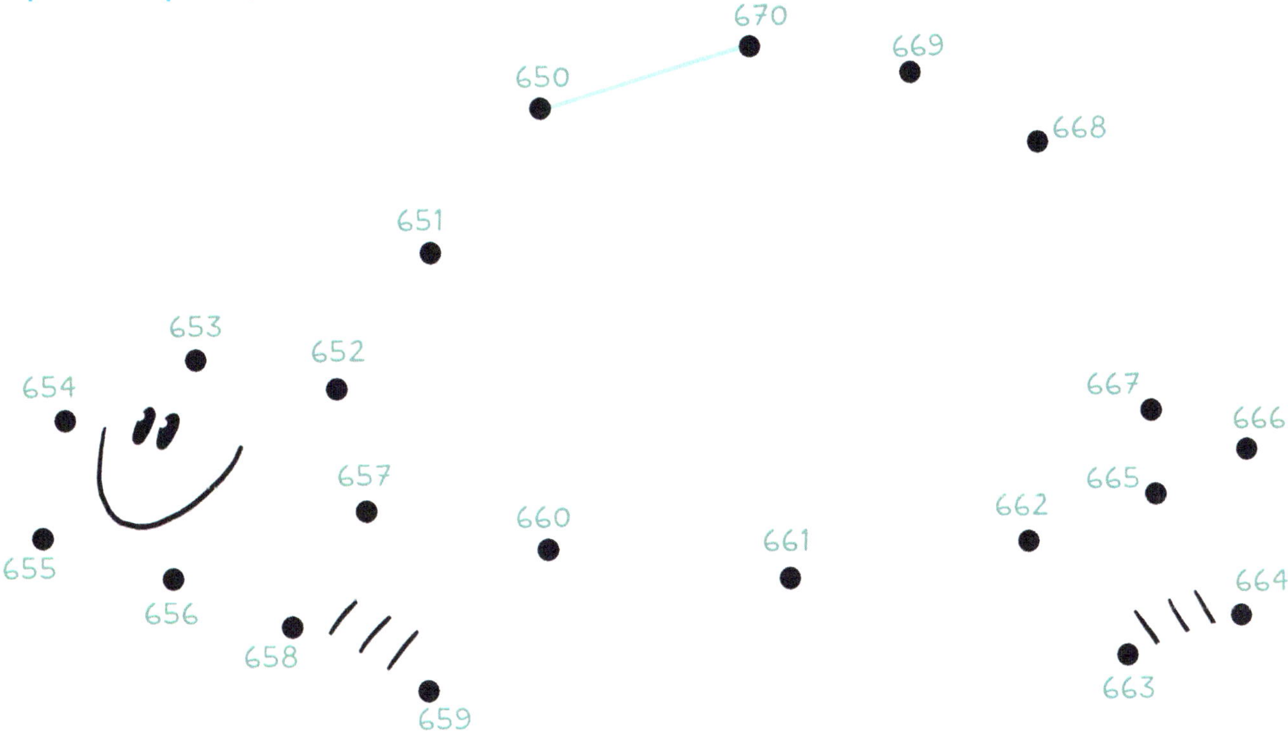

5 Continúa la serie restando 10.

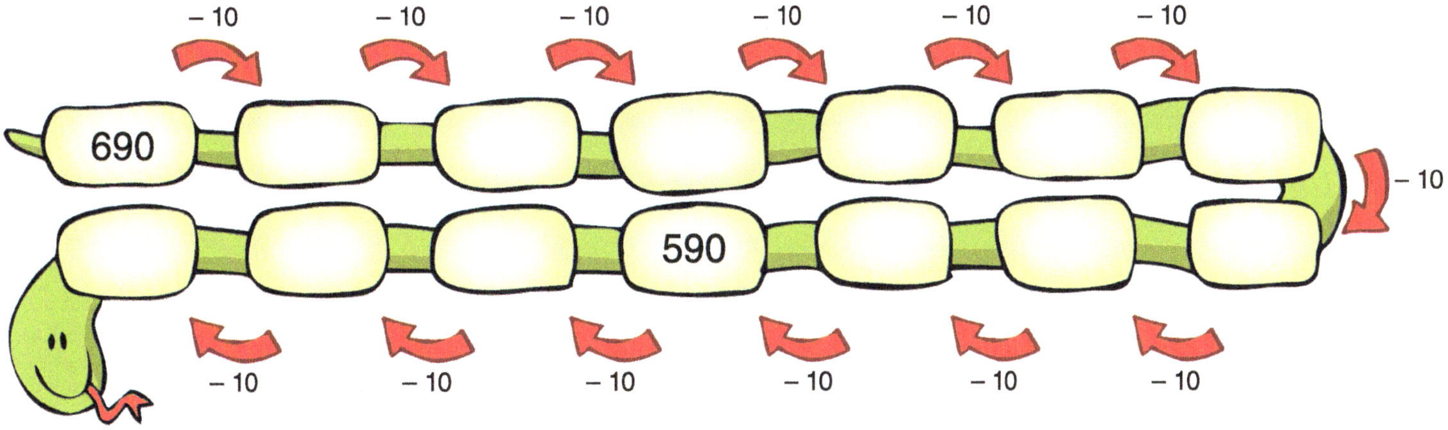

Los reptiles

¿Sabías que...?

Para poder crecer, los reptiles necesitan cambiar su piel por una nueva. La piel vieja se llama «camisa» y se desprenden de ella cuando ya les queda pequeña. Si paseas por el campo, a lo mejor te encuentras una camisa de serpiente...

Observa, lee y aprende.

El cocodrilo, el caimán, la lagartija, la tortuga... son reptiles.

- Tienen esqueleto interno; es decir, son vertebrados.
- Son ovíparos porque nacen de huevos.
- Respiran por pulmones.
- Tienen su cuerpo cubierto de escamas. Las tortugas, además, poseen un caparazón duro que protege su cuerpo.
- Muchos tienen cuatro patas y andan, como los lagartos; otros, como las serpientes, no tienen patas y se deplazan arrastrándose por el suelo, y algunos, como las tortugas marinas, nadan.

Une cada reptil con su nombre y rodea el que tiene su cuerpo protegido por un caparazón.

camaleón   serpiente   tortuga

1 Relaciona y después escribe las oraciones.

- La víbora — son vertebrados.
- La tortuga marina — no tiene patas.
- Los reptiles — puede nadar.

2 Busca información sobre las **iguanas** y contesta.

¿Son reptiles?

¿Son animales vertebrados?

¿Por qué?

¿Son animales ovíparos?

¿Por qué?

¿Tienen pelo o escamas?

¿Cuántas patas tienen?

Palabras con bl y br

Lee y aprende.

Pablo, Blanca y Bruno están en la biblioteca. Consultan un libro sobre reptiles.

Quieren buscar información sobre las cobras. Hablan bajito para no molestar a nadie.

Delante de l y r se escribe b y nunca v: bl y br.

1 Elige y completa los títulos de los cuentos.

cebra - cabra - cervatillos - cabritillos - Brillanieves - Blancanieves

La mamá ______

y los siete ______.

______

y los siete enanitos.

2 Inventa un título de un cuento con estas palabras.

brujo - afable - amable - bruja

______

______

3 Completa y escribe los nombres.

lie_____

mue_____

_____cha

4 Completa con **bre** o **ble**.

nom_____ posi_____ ham_____

ca_____ hom_____ imperdi_____

5 Sustituye los dibujos por palabras con **br** y escribe la oración.

La  se abrocha el  .

6 Prepara el dictado

En el pueblo de Bruno hay niebla. En febrero a veces está nublado. La carta viene en un sobre blanco. No lo dobles cuando lo abras.

Taller de escritura

1 Lee y completa con **br** o **bl**.

En fe___ero, Pa___o irá de excursión con su clase. Irán a un pue___o de montaña donde hay muchos ro___es. Quizás vean ca___as, lie___es y hasta alguna cule___a.

2 Escribe los nombres de los animales que puede ver Pablo en la excursión.

Tiene las orejas largas. → ________

Brinca por las rocas. → ________

Se desplaza arrastrándose. → ________

3 ¿En qué tiendas comprará Pablo estas cosas para la excursión?

Una pista:
los nombres de las tiendas son palabras derivadas de las del recuadro.

fruta - pan - zapato - reloj

galletas → ________ manzanas → ________

botas → ________ despertador → ________

4 Lee las pistas y rodea los dos objetos que va a meter Pablo en la mochila. Después, escribe sus nombres.

Es una prenda de vestir que utilizamos para la lluvia. Su nombre termina en **ble**. → ____________________

____________________ → Es un instrumento que nos sirve para orientarnos. Su nombre empieza por **brú**.

5 Completa con estas palabras la previsión del tiempo para ese fin de semana.

probablemente - nublado - cumbres

El sábado estará ____________________.

El domingo ____________________

nevará en las ____________________.

6 Subraya y escribe el tipo de ropa que necesita Pablo para la excursión.

Ropa de verano.	Ropa de abrigo cómoda.
Ropa de fiesta.	Un disfraz divertido.

____

Sumas y restas

1 Observa el código, escribe los números y calcula.

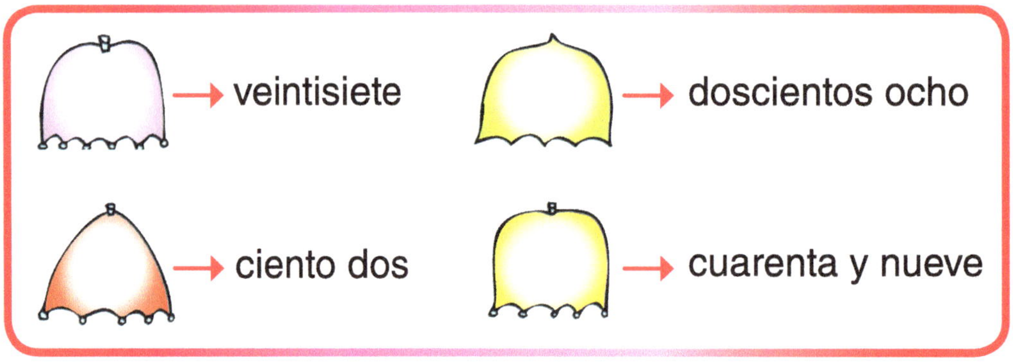

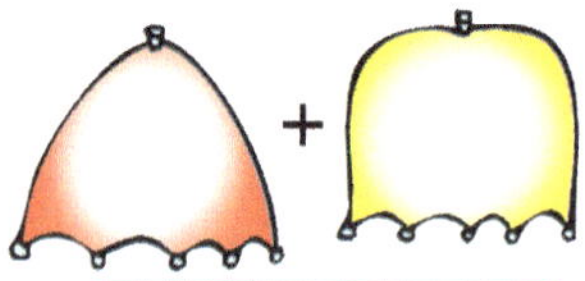

−

+

2 Utilizando los números del recuadro, haz la operación que se indica en cada caso.

452 - 98 - 134 - 320

Suma los dos números menores.

Resta los dos números mayores.

Suma el número mayor y el menor.

+

−

+

3 Realiza las operaciones, observa las claves y escribe la frase secreta.

	1	3	8
+	1	5	3

	2	8	6
−	1	5	2

	3	6	4
+		2	7

		8	2
−		6	9

	4	0	5
+	1	3	4

CLAVES

291 = Me
539 = soleados.
13 = días
391 = los
134 = gustan

4 Este año ha llovido 158 días, y el año pasado llovió 195 días.
¿Cuántos días **menos** ha llovido este año que el año pasado?

◯			

Este año ha llovido ☐ días menos que el pasado.

5 Cálculo mental. Suma 10

40 + 10	90 + 10	80 + 10	60 + 10
30 + 10	70 + 10	50 + 10	20 + 10

El aire

Observa, lee y aprende.

> **¿Podemos sentir el aire?**
> Haz la prueba: infla un globo y, después, deja escapar el aire poco a poco, de forma que te dé en la cara. ¿Puedes sentirlo?

El aire está en todas partes. Aunque no podemos verlo ni tocarlo, sí podemos sentirlo.

El aire no tiene forma, adquiere la forma del espacio o el recipiente que lo contiene, como, por ejemplo, un globo.

El aire está compuesto por varios gases, entre ellos, el oxígeno. Sin el oxígeno los seres vivos no podríamos vivir. Por ello es tan importante no contaminar el aire.

La Tierra está rodeada por aire. La capa de aire que rodea la Tierra se llama atmósfera.

Decimos que hace viento cuando el aire se mueve.

Las personas aprovechamos la fuerza del viento para producir energía eléctrica.

1 Elige y completa.

vivir - oxígeno - atmósfera - Tierra - aire

- La ______ es la capa de aire que rodea la ______.
- El ______ es uno de los gases que contiene el ______.
- Sin oxígeno no podríamos ______.

2 Observa la escena y explica qué podríamos hacer para evitar la contaminación del aire en esta situación.

______

______

______

SEGUNDA PARTE

Cuéntame una leyenda

La serpiente del arcoíris

14

Los indios del Oeste saben y cuentan una antigua leyenda que explica por qué se ve el arcoíris en el cielo.

Se dice que hubo un tiempo en que el calor era sofocante; se secaban los lagos y los ríos, y la gente, buscando la sombra, se lamentaba.

Una pequeña serpiente que oyó sus lamentos les habló con voz humana:

—Yo tengo un poder mágico; os ayudaré. Lo único que tenéis que hacer es arrojarme al cielo.

—Puedes caerte y hacerte daño —dijo entonces el hechicero.

—No, no me caeré —dijo la serpiente—. Me agarraré al cielo con mis escamas y con ellas rascaré un poco de lluvia y de nieve para vosotros.

—Eres demasiado pequeña —volvió a decir el hechicero.

—Puedo estirarme muchísimo —respondió la serpiente—. ¡Vamos, lánzame lo más alto que puedas!

El hechicero guardó silencio y, al fin, la lanzó con todas sus fuerzas. Mientras volaba hacia lo alto, la serpiente se desenroscó y se fue alargando más y más. Después, su cabeza y su cola se estiraron hacia la Tierra y su cuerpo se encorvó hacia arriba, rascando el hielo azul del cielo.

El cuerpo de la serpiente fue cambiando de color, pasando del rojo al naranja, al amarillo, al verde… hasta llegar al violeta. El hielo del cielo empezó a fundirse y las gotas de lluvia volvieron a regar la tierra.

Todo volvió a la vida. El agua llenó los lechos de los ríos, los animales volvieron a sus campos y las rosas florecieron como antes. ¿Y qué decir de los indios?

Para celebrarlo, los pieles rojas danzaron felices, con sus rostros levantados, dejando que la lluvia los bañara. Desde entonces, siempre que en la Tierra llueve en un día soleado, la serpiente dobla su cuerpo elástico, como una cinta de colores.

Vladimír Hulpach, *Cuentos y leyendas de los pieles rojas.*
Ed. Queromón (texto adaptado).

Comprendo la lectura

1 Señala las opciones correctas y completa con ellas las oraciones.

- Para los indios hacía mucho ______.

☐ frío ☐ calor ☐ hielo ☐ tiempo

- Una ______ se ofreció a ayudarles.

☐ tortuga ☐ hechicera ☐ serpiente ☐ nube

- Esa serpiente ahora es el ______.

☐ sol ☐ hielo ☐ puente ☐ arcoíris

2 ¿Qué significa «la serpiente se encorvó»? Subraya la respuesta.

- Que se dobló haciendo la forma de una línea curva.
- Que se estiró haciendo la forma de una línea recta.
- Que se marchó a descansar.

Inteligencia corporal-cinestésica: Expresarse a través del baile

Escribe cómo mostraron los indios su agradecimiento por la lluvia.
A continuación, en grupos pequeños, imitadlos.

______

______

______

Palabras derivadas

Recuerda y completa con palabras derivadas de **lluvia** y de **deporte**.

Las palabras derivadas son las que se forman a partir de otras.

-oso

Un día ______________.

-ista

Una chica ______________.

1 Escribe un título para cada uno de estos cuentos. Utiliza palabras derivadas de **flauta** y de **maravilla**.

- ______________

- ______________

2 Escribe las palabras de las que proceden estas derivadas.

______ → pianista ______ → ruidoso

______ → florista ______ → cariñoso

Prueba de la resta

Observa, lee y aprende.

86	← minuendo
− 34	← sustraendo
52	← diferencia

⇨

Prueba

34	← sustraendo
+ 52	← diferencia
86	← minuendo

Sabemos que una resta está bien hecha si, al sumar el sustraendo y la diferencia, obtenemos el minuendo.

sustraendo + diferencia = minuendo

1 Resuelve estas restas y comprueba el resultado.

$$\begin{array}{r} 86 \\ -\ 62 \\ \hline \square \end{array}$$

⇨ **Prueba** +

$$\begin{array}{r} 54 \\ -\ 31 \\ \hline \square \end{array}$$

⇨ **Prueba** +

$$\begin{array}{r} 532 \\ -\ 321 \\ \hline \square \end{array}$$

⇨ **Prueba** +

$$\begin{array}{r} 325 \\ -\ 210 \\ \hline \square \end{array}$$

⇨ **Prueba** +

2 Juanjo ha hecho estas restas. Comprueba si están bien y tacha las que están mal.

$$\begin{array}{r} 428 \\ -\ 116 \\ \hline 212 \end{array}$$

Prueba: + ___

$$\begin{array}{r} 673 \\ -\ 432 \\ \hline 241 \end{array}$$

Prueba: + ___

$$\begin{array}{r} 48 \\ -\ 36 \\ \hline 12 \end{array}$$

Prueba: + ___

$$\begin{array}{r} 73 \\ -\ 52 \\ \hline 30 \end{array}$$

Prueba: + ___

3 Blanca ha regalado a David 12 cromos de reptiles de su colección. Si tenía 142 cromos. ¿Cuántos cromos le quedan? Resuelve y comprueba la solución.

– ___

Prueba: + ___

Solución: Le quedan ___ cromos.

Camuflaje animal

Observa, lee y aprende.

Muchos animales «se disfrazan» para parecerse al entorno en el que viven, y así pasar desapercibidos. Esto les sirve para esconderse de otros animales o para cazar sin ser vistos.

El zorro ártico

Hay animales que se camuflan cambiando el color de su pelaje según la estación del año; así pueden confundirse con el entorno.

El pelo del zorro ártico en invierno es de color blanco, como la nieve, y en verano es de color castaño.

¿Te imaginas por qué?

El pez roca

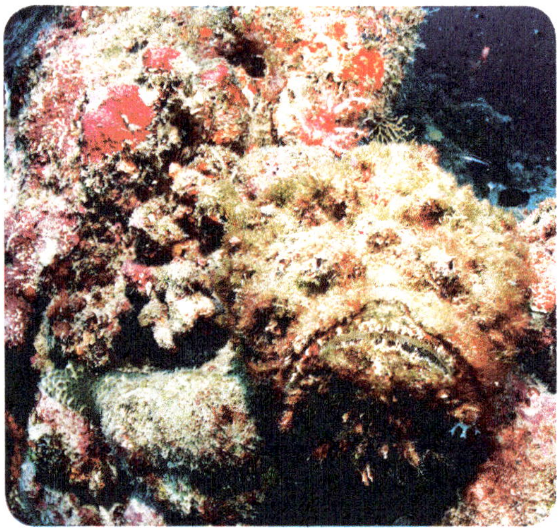

El pez roca es uno de los peces más venenosos del mundo. Se camufla de tal manera que a sus presas les es muy difícil distinguirlo, porque lo confunden con una piedra.

¿Eres capaz de localizarlo en esta fotografía?

El camaleón

Los camaleones son reptiles que viven sobre todo en los árboles y se alimentan de insectos, que cazan con su larga lengua pegajosa. Son capaces de cambiar de color para parecerse al entorno en el que se encuentran.

¿De qué color crees que será un camaleón que esté escondido entre las hojas de un árbol? ¿Y uno que viva en el desierto?

1 En estas imágenes hay animales camuflados. ¿Eres capaz de encontrarlos? Escribe sus nombres.

El artículo

Lee y aprende.

Veo una montaña.
En la montaña hay un castillo.
En el castillo hay unas torres.
En las torres hay unos centinelas.
Los centinelas están vigilando.

Las palabras el, la, los, las y un, una, unos, unas son artículos.

Los artículos son palabras que acompañan a los nombres y siempre van delante de ellos.

1 Rodea los artículos y dibuja.

Una mochila.

La mochila que usas.

Un jersey.

El jersey que más te gusta.

2 Prepara el dictado

La bruja Brunilda lleva una blusa blanca. Su sombrero es gris.
Su primo Blas le ha regalado una sombrilla plegable con blonda.

3 Lee el poema y subraya los artículos que aparecen en él.

A pisar los charcos

A pisar los charcos,
a tocar el cielo,
a mirar las nubes
dentro de un espejo.
Vamos muy deprisa,
hay agua en la calle,
a pisar los charcos,
que no falte nadie.
Bailan las estrellas
en el firmamento,
reflejo en el agua,
corazón abierto.

Pedro Villar

4 Busca en el poema y escribe los artículos que acompañan a estos nombres.

_____ charcos _____ cielo _____ nubes

_____ espejo _____ calle _____ estrellas

_____ firmamento _____ agua

5 Completa cada oración con un artículo y un nombre.

_____ __________ es lenta.

_____ __________ son brillantes.

El kilogramo

Fíjate cómo pesamos estos objetos, lee y aprende.

báscula

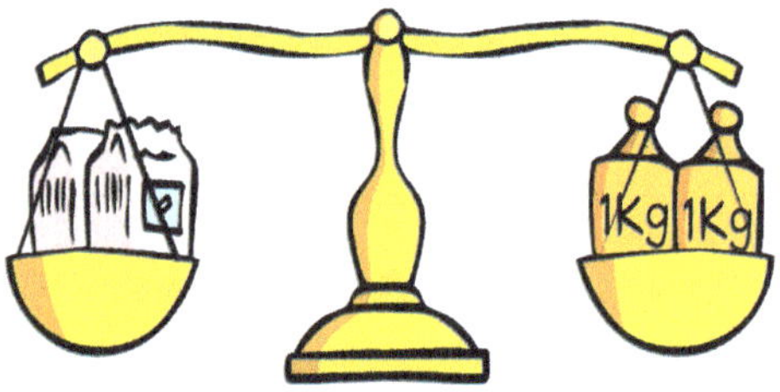

balanza

Para saber cuánto pesa un objeto, utilizamos la báscula o la balanza, y lo expresamos en kilogramos.

Un kilogramo se escribe 1 kg.

¿Sabías que...?

... cuando estás en la playa pesas más que en lo alto de una montaña?

El peso y la masa no son lo mismo. Tu masa es la misma estés donde estés, por ejemplo, 25 kg; pero tu peso, que es la fuerza con la que te atrae la Tierra, cambia.

¡Pero eso lo estudiarás dentro de unos años!

1 Dibuja las pesas necesarias para igualar las balanzas.

2 Observa y ordena de menor a mayor.

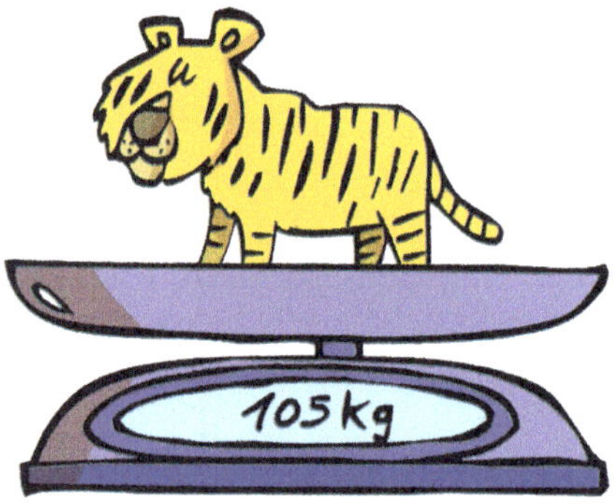

☐ kg < ☐ kg < ☐ kg

Observa, lee y aprende.

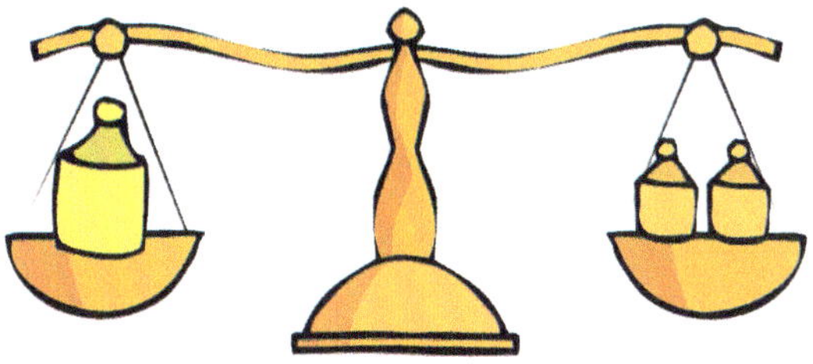

1 kg = 2 medios kg

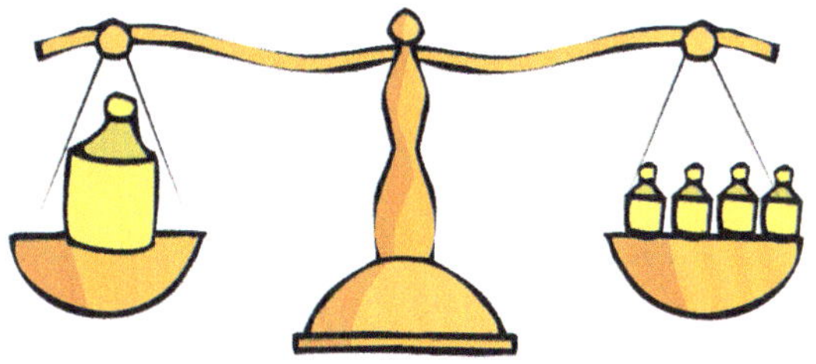

1 kg = 4 cuartos de kg

3 Calcula y escribe.

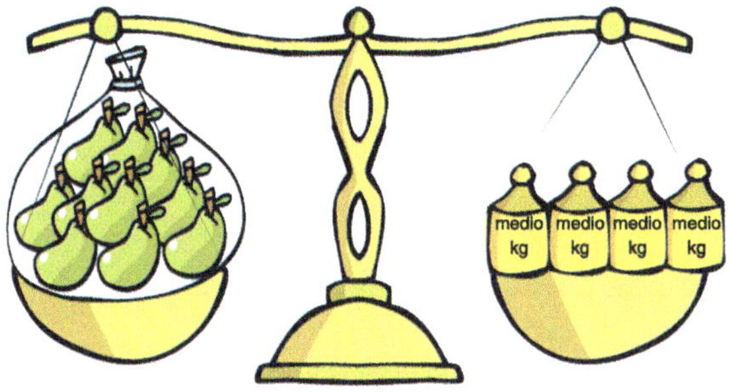

Peras → ☐ kg.

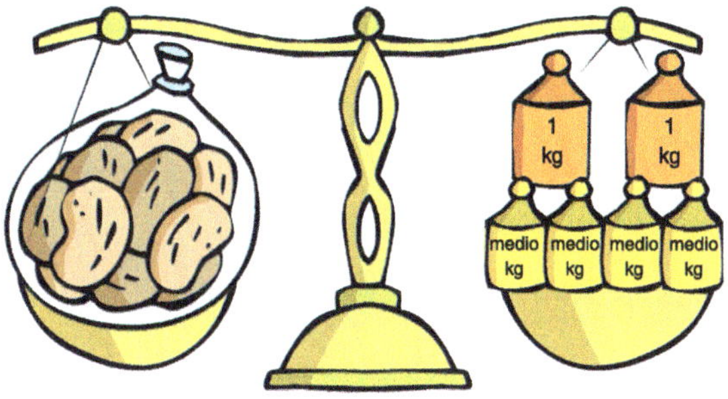

Patatas → ☐ kg.

4 Observa, escribe los kg de harina que hay en cada báscula y completa.

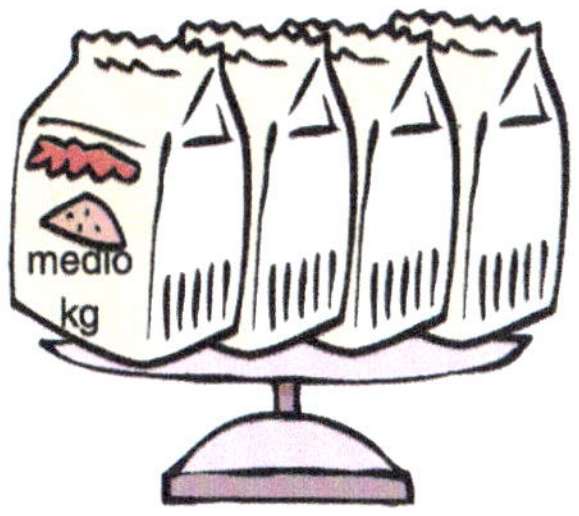

☐

☐

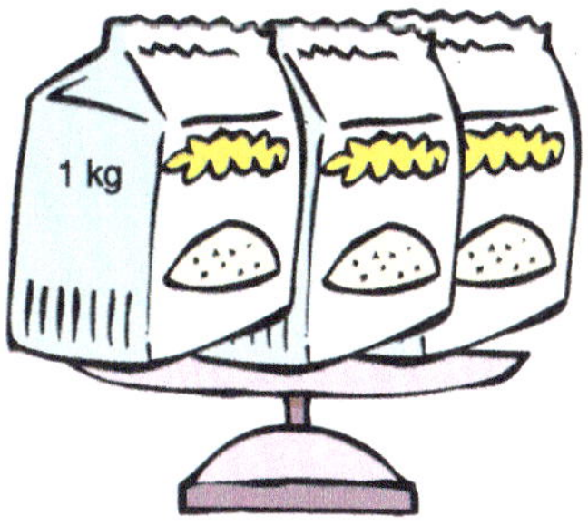

☐

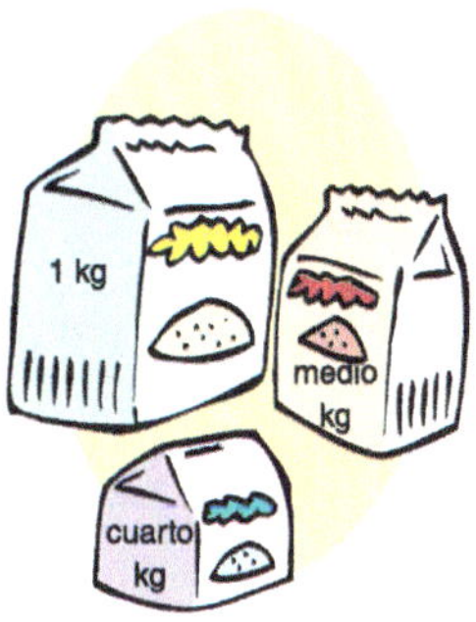

2 kg = ☐ medios kg.

1 kg = ☐ cuartos de kg.

El tiempo atmosférico

Observa, lee y aprende.

Para saber qué tiempo hace nos fijamos en:

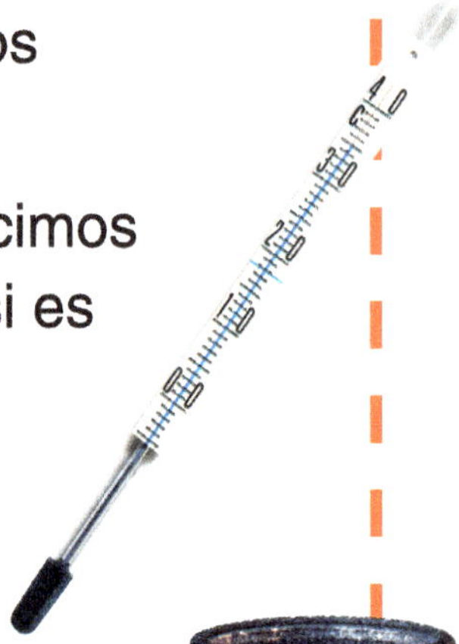

- La temperatura: si es alta, decimos que el tiempo es caluroso, y si es baja, decimos que el tiempo es frío.

  Para medir la temperatura utilizamos el termómetro.

- Las precipitaciones: si llueve, el tiempo es lluvioso. También puede nevar o granizar.

  Para medir las precipitaciones utilizamos el pluviómetro.

- El viento: cuando el aire se mueve, hay viento. Si es muy suave, lo llamamos brisa, y si es fuerte, vendaval.

Los meteorólogos nos dicen el tiempo que va a hacer en los próximos días.

1 Piensa situaciones para las que es importante conocer el tiempo que va a hacer y escríbelas.

2 Observa la escena y describe el tiempo que hace.

- ¿Qué estación del año crees que es?

3 Rodea el aparato que sirve para medir la temperatura y completa.

Para saber qué temperatura hace, se usa el ______.

4 Copia este refrán y explica qué significa.

En abril, aguas mil.

Expresión oral: Describir a un animal

Lee la descripción y explica por qué no ha acertado el niño. Después, averigua de qué animal se trata.

Una pista: está en la siguiente actividad.

1 Elige a otro animal de los que aparecen en la imagen y escribe cómo es. Después, jugad en grupos a describir y a adivinar qué animal ha elegido cada uno.

Tienes que decir las principales características de ese animal: ¿Está cubierto de pelo, de escamas o de plumas? ¿Cuántas patas tiene? ¿Tiene manchas en la piel? ¿Y cuernos?...

Expresión escrita: Completar la ficha de un animal

Lee la descripción del cocodrilo y subraya los datos necesarios para completar la ficha de abajo.

El cocodrilo es un reptil de gran tamaño. Se alimenta de peces, aves acuáticas y algunos mamíferos; es un animal carnívoro.
Su cuerpo es alargado y está cubierto de escamas. Tiene cuatro patas cortas muy musculosas y una larga cola.

1 Completa la ficha del cocodrilo con sus datos y con su dibujo.

Nombre: ______

Tipo: ______

Según su alimentación, es un animal ______

Tiene el cuerpo cubierto de ______

Número de patas: ☐

Taller de problemas: Ordenar el enunciado

1 Ordena las frases y escribe correctamente el problema.
Después, resuélvelo y escribe la solución.

☐ Una furgoneta transporta 246 kg de fruta por la mañana

☐ Calcula cuántos kg de fruta transporta durante el día.

☐ y 59 kg por la tarde.

Solución:

2 Ordena las frases y escribe correctamente el problema. Después, resuélvelo y escribe la solución.

☐ ¿Cuántos kg menos pesa el perro de Óscar?

☐ y el de Juanjo, 33 kg.

☐ El perro de Óscar pesa 25 kg,

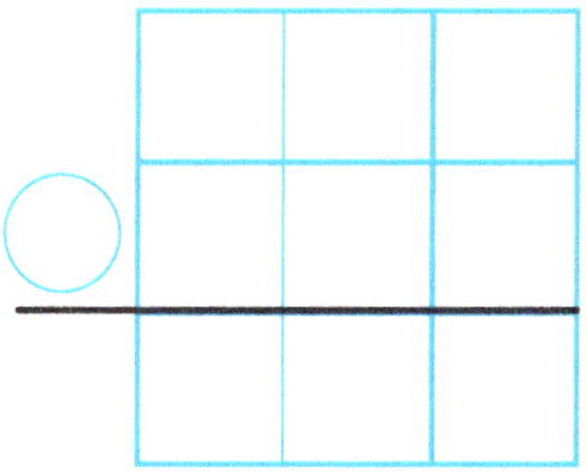

Solución:

Repaso de la unidad

1 Rodea las palabras derivadas y escribe cada una al lado de la palabra de la que procede.

Mi abuela fue panadera.

Mi padre trabaja en una librería.

Mi tío es un guitarrista muy famoso.

libro ⇨ ____________ pan ⇨ ____________

fama ⇨ ____________ guitarra ⇨ ____________

2 Completa con los artículos y los nombres de los dibujos.

la - unos - el

Necesito ________  ________ blancos.

Es ________  ________ de Aladino.

Abre ________  ________ de plástica.

3 Une con flechas como corresponda.

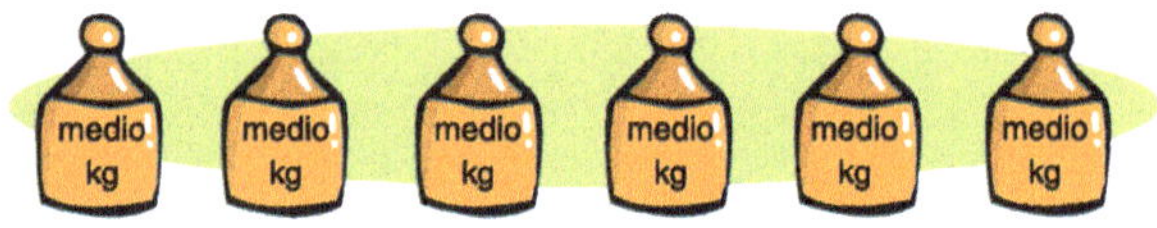

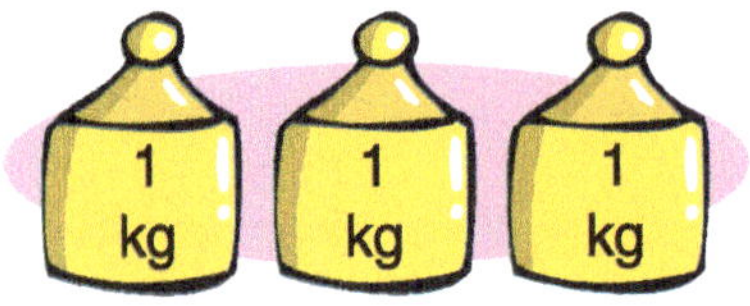

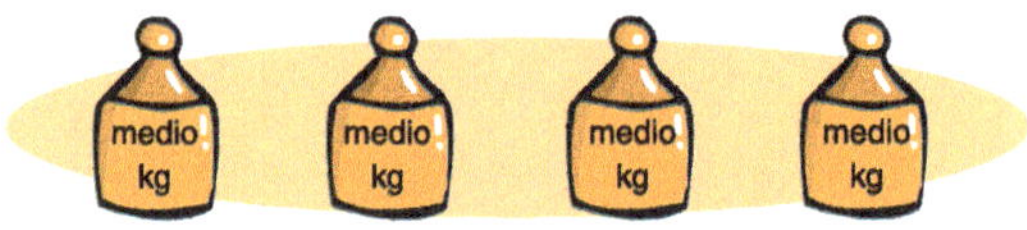

4 Señala y completa.

Hoy es un día:

☐ soleado ☐ nublado ☐ lluvioso ☐ caluroso ☐ frío

¿Hace viento? ☐ Sí. ☐ No.

¿Qué ropa te has puesto? ________________

____

____

5 Escribe **verdadero** o **falso**.

Las lagartijas son reptiles. → ________________

Los cocodrilos son ovíparos. → ________________

Las tortugas respiran por pulmones. → ________________

Las crías de los reptiles maman. → ________________

Rodea el animal intruso y después colorea los demás.

8 LA VIDA EN LA CHARCA

Observamos

1 Yo lo veo, ¿tú lo ves? Busca estos animales en la escena, y tacha los que no están.

Hablamos

2 ¿Dónde crees que está situada esta charca: en la costa, en la llanura o en la montaña? ¿Por qué?

3 ¿Qué están haciendo los niños de la escena? ¿Te has fijado alguna vez en que existen muchos tipos de piedras y de minerales? Describe algunos que conozcas.

Y… empezamos

4 Escribe el nombre de este animal y marca lo que crees que le corresponde.

Es una ______________.

☐ Salta. ☐ Nada. ☐ Anda.

☐ Solo puede estar en el agua.

☐ Solo puede estar en la tierra.

☐ Puede estar en el agua y en la tierra.

PRIMERA PARTE

15

Fábulas

Las ranas sedientas

Dos ranas vivían juntas en una preciosa laguna donde nunca faltaba el agua. Pero aquel verano estaba siendo muy caluroso y hacía mucho tiempo que no llovía. Las fuentes y los ríos comenzaron a secarse, y en la laguna el agua fue desapareciendo poco a poco, hasta que se secó por completo.

Como las ranas necesitan agua para vivir, una de ellas, la más atrevida, empezó a saltar de un lado a otro para buscarla. Si no encontraban agua, morirían...

Y así fue como la ranita llegó a la boca de un pozo. Estaba bastante lleno de agua, por lo que era fácil dar un salto y zambullirse en ella.

Contentísima, se fue a buscar a su compañera.

—¡Ven, ven! ¡He encontrado un pozo lleno de agua! —le dijo en cuanto la vio.

Las dos ranas fueron al pozo, que estaba oculto entre los juncos secos. Al llegar, la rana que lo había descubierto le dijo a la otra:

—¿A qué esperamos? ¿Por qué no nos lanzamos al agua?

—Yo tengo tantas ganas como tú —contestó su amiga, que era una rana sensata—. Pero tenemos que pensarlo bien. Ahora es fácil saltar al agua, pero hace tanto calor que, poco a poco, se irá evaporando e irá habiendo menos. Eso quiere decir que cada vez habrá más distancia hasta la boca del pozo, y llegará un día que no podremos salir.

Y así fue como las dos ranas se salvaron de una muerte segura, gracias a que una de ellas se paró a pensar en lo que pasaría después.

Afortunadamente, pronto encontraron un pequeño riachuelo y pudieron sobrevivir hasta que, por fin, ¡la lluvia llegó!

Fábulas contadas a los niños, Rosa Navarro Durán (texto adaptado).

Comprendo la lectura

1 Tacha los errores sobre la lectura y escribe las oraciones correctas.

Era un invierno muy frío.

Dos peces vivían en el mar.

El mar se secó.

2 ¿Por qué no quiso saltar al pozo la segunda rana? Subraya y escribe la respuesta correcta.

- Porque el pozo estaba seco.
- Porque le preocupaba no poder salir de él.
- Porque el agua del pozo no era potable.

Inteligencia intrapersonal: Pensar antes de actuar

La rana, antes de saltar, pensó en lo que podía pasar. Escribe qué le dirías a un amigo que quiere bañarse en el mar y no sabe nadar.

Palabras compuestas

Lee y aprende.

Papá **abre** unas **latas** para el aperitivo. Después, se equivoca y guarda el abrelatas en la nevera.

Las palabras compuestas son las que se forman uniendo dos o más palabras, como abrelatas (abre + latas).

1 Une y escribe las palabras compuestas:

quita	brisas	→ ____________
casca	nueces	→ ____________
saca	manchas	→ ____________
para	puntas	→ ____________

2 Rodea las palabras que necesitas para formar una palabra compuesta y completa con ella la oración.

secador - lava - tiza - vajillas - cajón

Meto los platos en el ____________.

Números del 700 al 799

Observa, lee y aprende.

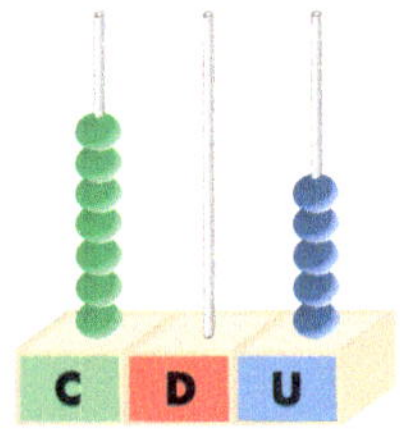

C	D	U
7	0	5

setecientos cinco

7 C + 5 U = 700 + 5

1 Escribe con número o letra.

708	
	Setecientos cuarenta y cinco.
721	
	Setecientos noventa y tres.
764	
	Setecientos cincuenta.

2 Escribe < o >, según corresponda.

773	◯	737		7 C y 3 D	◯	7 C y 3 U
708	◯	780		7 C, 8 D y 2 U	◯	7 C, 2 D y 8 U

3 Colorea las hojas con números mayores que 760 y completa.

Es el posterior a 764. → ☐

Tiene 9 decenas. → ☐

Tiene 7 C, 8 D y 6 U. → ☐

Tiene 2 unidades. → ☐

4 ¿Cuál es el número secreto que abre el cofre? Lee las pistas y escribe los números que corresponden en cada paso.

- El número está entre 750 y 760. → 751 ☐ ☐
  ☐ ☐ ☐ ☐ ☐ ☐
- Es un número par de los anteriores. → ☐ ☐
  ☐ ☐
- De los números anteriores, es el único que al sumar sus cifras da 16. → ☐

5 Continúa la serie sumando 10.

665 → (+ 10) ☐ → (+ 10) ☐ → (+ 10) ☐ → (+ 10) 705 → (+ 10) ☐ → (+ 10) ☐ → (+ 10) ☐ → (+ 10) ☐ → (+ 10) ☐ → (+ 10) ☐ → (+ 10) ☐ → (+ 10) ☐ → (+ 10) ☐ → (+ 10) ☐

Los anfibios

Observa, lee y aprende.

¿Sabías que...?

Al nacer, las larvas respiran por branquias, y cuando son anfibios adultos, respiran a través de la piel y por pulmones.

La rana, el sapo, la salamandra… son anfibios.

- Son vertebrados.
- Nacen de huevos; es decir, son ovíparos. De cada **huevo** sale una **larva**, que, tras pasar por distintas transformaciones, se convierte en **adulto**. Las larvas de las ranas se llaman **renacuajos**.

Huevos

Larvas (renacuajos)

Rana

- Tienen la piel fina, húmeda y desnuda, sin escamas, ni plumas, ni pelo…
- Cuando nacen, las larvas viven solo en el agua. Cuando son adultos, los anfibios viven en la tierra y en el agua.

Salamandra

1 Observa a la rana y a la salamandra. Después, escribe en qué se parecen y en qué se diferencian.

2 Colorea las características de los anfibios y escribe un breve texto con algunas de ellas.

escamas | ovíparo | pulmones | vivíparo

invertebrado | piel desnuda | vertebrado

3 Completa, con las palabras del recuadro, el texto sobre el nacimiento y el crecimiento de una rana.

patas - huevos - renacuajo - cola - agua - rana

La rana pone los ______ en el agua.

De cada huevo sale un ______,

que tiene ______ y no tiene patas.

Los renacuajos solo viven en el ______.

Al crecer, le salen las ______, pierde la cola

y se convierte en una ______.

El guion

Observa, lee y aprende.

En el riachuelo, las dos ra-
nas han conocido a un sa-
po, a un tritón y a una sa-
lamandra. Son unos ani-
malitos muy simpáticos.
También había algún mos-
quito revoloteando.

Si, al escribir, no cabe una palabra al final de un renglón, se parte y se separa con una rayita que se llama guion. Después, se continúa en la línea siguiente.

El guion no debe separar las letras que están en la misma sílaba.

Así está mal:		Así está bien:	
~~mo- squito~~	~~mosqu- ito~~	mos- quito	mosqui- to

1 Escribe enteras las palabras del texto inicial que llevan guion.

2 Separa estas palabras como si estuvieran al final de un renglón.

pozo: po- / zo

rana

charca

tritón

3 Separa esta palabra como en la actividad anterior; pero, fíjate: en este caso, se puede separar de dos formas distintas.

pantano < ______ / ______

pantano < ______ / ______

4 Completa lo que dice el tritón con la parte que falta de cada palabra.

Camino muy lento, pues no ten-
______ prisa. Me gusta ir tranqui-
______, sintiendo la brisa. Me ha-
______ cosquillitas y me da la risa.

5 Completa las palabras y escribe los guiones.

Todos los fines de ______
mana monto en ______
cleta con mis ______
gos y con algún mayor.

6 **Prepara el dictado**

La salamandra es un anfibio. Es de color negro con manchas amarillas.

Taller de escritura

Utiliza el guion cuando lo necesites.

1 Estos niños participan en un concurso y tienen que colocarse por orden alfabético. Escribe sus nombres en ese orden.

2 En el concurso hay cuatro equipos, según el color de las camisetas. Escribe los nombres de sus integrantes.

Rojo →

Verde →

Azul →

Amarillo →

3 En el equipo amarillo, cada uno tiene que coger dos objetos que empiecen por la misma letra que su nombre. Observa y completa.

Ana tiene que buscar el ________ y la ar-________. B________ debe encontrar el bi-________ y el ________. A ________-vo le tocará buscar el ________ y la qui-________.

4 Los equipos verde y rojo tienen que formar una palabra compuesta con dos globos del mismo color. Escríbelas.

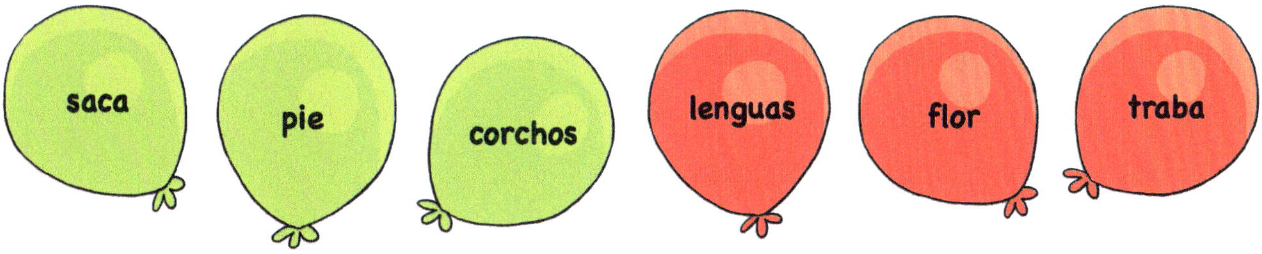

Verde → ________

Rojo → ________

Sumas de tres sumandos

Observa, lee y aprende.

	(1)	(1)	
	3	2	5
	2	4	9
+	1	6	2
	7	(1) 3	(1) 6

Para hacer sumas de tres sumandos, **primero** sumamos las unidades de todos los sumandos y apuntamos las que nos llevamos. **Después**, hacemos lo mismo con las decenas y las centenas.

1 Suma.

	1	4	3
	2	0	8
+		3	0

	3	2	5
	1	0	4
+		6	2

	2	5	8
		6	0
+	1	0	0

2 Corrige los resultados de las sumas que están mal resueltas.

$$\begin{array}{r} 128 \\ 348 \\ +\ \ 32 \\ \hline 509 \end{array} \qquad \begin{array}{r} 209 \\ 123 \\ +\ \ 27 \\ \hline 359 \end{array} \qquad \begin{array}{r} 310 \\ 50 \\ +\ 269 \\ \hline 619 \end{array} \qquad \begin{array}{r} 416 \\ 305 \\ +\ \ 24 \\ \hline 745 \end{array}$$

3 Los números indican cuántos animales hay de cada tipo en el zoo. Calcula cuántos mamíferos, aves y anfibios hay y contesta.

Mamíferos

+

Anfibios

+

Aves

+

- ¿Cuántos animales hay en total entre los tres grupos?

+

En total hay   animales.

4 Cálculo mental. Suma 10

45 + 10	15 + 10	85 + 10	65 + 10
35 + 10	75 + 10	55 + 10	25 + 10

Paisajes de interior

Observa, lee y aprende.

Todo lo que vemos a nuestro alrededor cuando estamos en un espacio exterior es un paisaje.

Los paisajes que encontramos en lugares alejados del mar son paisajes de interior, y pueden ser de montaña o de llanura.

Las montañas son elevaciones del terreno. Varias montañas alineadas forman una sierra. Y entre las montañas, suele haber valles, que son terrenos llanos.

Los paisajes de llanura son extensiones de terreno llano en los que no hay montañas. En la llanura se pueden ver poblaciones, campos de cultivo, ríos, carreteras…

¿Sabías que...?

Al conjunto de sierras se le llama cordillera.

1 Observa la imagen y completa.

La parte más alta de una montaña se llama ______, y la parte baja se llama ______.

La zona del centro es la ______.

Paisajes de costa

Observa, lee y aprende.

¿Sabías que...?

Un conjunto de islas forman un archipiélago. En España tenemos dos archipiélagos, las islas Canarias y las islas Baleares.

Los paisajes de costa son los que se encuentran cerca del mar.

En ellos podemos ver:

- Terrenos altos y rocosos, que se llaman acantilados.
- Terrenos llanos que se encuentran al mismo nivel que el mar; son las playas.
- Extensiones de tierra rodeadas de agua por todas partes, las islas.

1 Observa la imagen, completa y contesta.

Es un paisaje de ____________.

Representa una ____________.

¿Podrías ir en coche a este lugar? ________

¿Por qué? ____________________________

____

SEGUNDA PARTE

16

Fábulas

El ratón, el gato y el gallo

Un buen día, un ratoncito decidió salir de su casa para ver mundo.

El ratoncito empezó a caminar hasta que llegó a un cruce de caminos donde había dos letreros. En uno ponía: «A la granja», y en el otro: «A la ciudad». Tras pensarlo un rato, el ratón decidió dirigirse a la granja.

Nada más llegar, vio a un animal que lucía una especie de sombrero rojo. Al ver al ratón, el animal alzó el plumero que tenía por cola y emitió un estridente quiquiriquí. El ratoncito se asustó mucho y se fue corriendo.

Entonces decidió que mejor iría a la ciudad, esperando no encontrar allí ningún «monstruo» como el que acababa de ver.

Al ratoncito le gustó mucho aquel lugar. Las casas eran muy altas y los ratones parecían tener mucha prisa. De pronto, desde un coche, un rostro sonriente con unos bigotes muy largos se asomó y le preguntó si quería que le enseñara la ciudad.

Al ratoncito le pareció buena idea y entró en el taxi. El taxista de los largos bigotes le habló de modo muy amable, pero, de repente, chocó con otro coche, y se bajó del taxi, enfurecido.

La discusión entre los dos conductores se alargó tanto que el ratoncito decidió visitar la ciudad por su cuenta.

Al final del día estaba tan cansado que pensó que ya era hora de regresar a casa.

—¿Cómo te ha ido? —le preguntaron los demás ratones.

—¡En la granja he conocido a un monstruo espantoso! —contó el ratoncito—. Menos mal que, después, un señor muy simpático de largos bigotes se ofreció a enseñarme la ciudad.

—Ese señor tan amable era el gato, nuestro peor enemigo —le dijo un ratón anciano—, y el que tú llamas monstruo era un pacífico gallo.

Al escucharle, el ratoncito se dio cuenta del peligro que había corrido ese día. Aprendió que las apariencias engañan y, desde entonces, fue mucho más precavido.

Berta García i Sabatés, *Disfruta con las fábulas* (texto adaptado).

Comprendo la lectura

1 Contesta.

- ¿Dónde fue primero el ratoncito? ______
- ¿Qué animal vio allí? ______
- ¿Qué le ocurrió al verlo? ______
- ¿Con qué animal se encontró en la ciudad? ______

2 ¿Qué aprendió el ratoncito? Señala y escribe la respuesta correcta.

- [ ] No aprendió nada.
- [ ] Que, algunas veces, las cosas no son como nos parecen.
- [ ] Que las cosas siempre son como parecen.

Inteligencia visual-espacial: Recomendar una ruta

Imagina que, como el ratoncito, alguien quiere conocer tu localidad. Escribe qué lugares le recomendarías visitar y por qué.

______
______
______
______
______

Palabras compuestas

Forma una palabra compuesta con las palabras destacadas y completa el texto con ella.

La abuela **quita** las **manchas** de mi chándal con un ______.

Recuerda: las palabras compuestas son las que se forman uniendo dos o más palabras.

1 Completa las oraciones con las palabras compuestas que se forman a partir de las siguientes.

gira - aparca - para - salta - caídas - montes - coches - sol

Trabaja de ______.

El ______ es una flor.

Nunca he saltado en ______.

El ______ es un insecto.

La multiplicación

Observa, lee y aprende.

 +  +  = 12

4 4 4

$4 \times 3 = 12$

Multiplicar es sumar varias veces el mismo número.

El signo de la multiplicación es **x** y se lee «por».

1 Expresa cada suma en forma de multiplicación.

- 3 + 3 + 3 + 3 = 3 × ☐
- 5 + 5 + 5 = ☐ × ☐
- 2 + 2 + 2 = ☐ × ☐
- 4 + 4 = ☐ × ☐

2 Expresa, mediante una suma y una multiplicación, el número total de renacuajos y de ranas que hay.

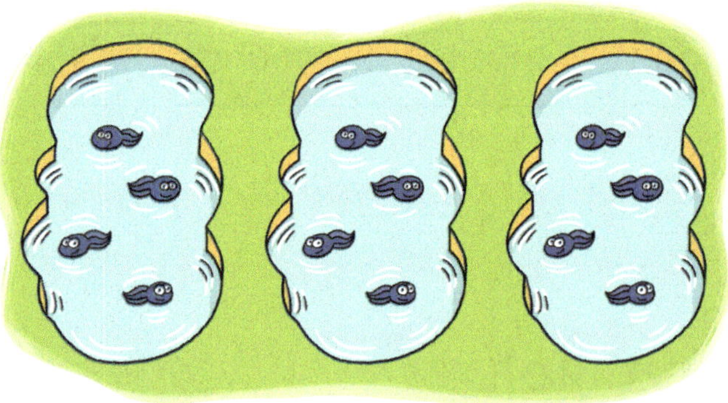

Suma: ☐ + ☐ + ☐ = ☐

Multiplicación: ☐ × ☐ = ☐

Suma: ☐ + ☐ + ☐ = ☐

Multiplicación: ☐ × ☐ = ☐

Tabla del 1

Observa, aprende y completa la tabla del 1.

Para construir la tabla de 1, sumamos de 1 en 1.

1	→ $1 \times 1 =$	1
1 + 1	→ $1 \times 2 =$	2
1 + 1 + 1	→ $1 \times 3 =$	
1 + 1 + 1 + 1	→ $1 \times 4 =$	
1 + 1 + 1 + 1 + 1	→ $1 \times 5 =$	
1 + 1 + 1 + 1 + 1 + 1	→ $1 \times 6 =$	
1 + 1 + 1 + 1 + 1 + 1 + 1	→ $1 \times 7 =$	
1 + 1 + 1 + 1 + 1 + 1 + 1 + 1	→ $1 \times 8 =$	
1 + 1 + 1 + 1 + 1 + 1 + 1 + 1 + 1	→ $1 \times 9 =$	
1 + 1 + 1 + 1 + 1 + 1 + 1 + 1 + 1 + 1	→ $1 \times 10 =$	

1 Observa la tabla y completa.

$1 \times 6 =$ ☐ $1 \times 7 =$ ☐ $1 \times 9 =$ ☐ $1 \times 8 =$ ☐

2 Carmen quiere poner una flor en cada florero. ¿Cuántas flores necesita? Dibuja las flores y expresa el resultado en forma de multiplicación.

☐ $\times$ ☐ $=$ ☐ flores

Curiosidades animales

El caballito de mar

Aunque no lo parezca, el caballito de mar es un pez marino. Se llama así porque su cabeza es muy parecida a la de un caballo.

Tiene unas aletas muy pequeñas en forma de abanico, y una cola con la que se agarra a los tallos de las algas.

Piensa y contesta. ¿Es un animal vertebrado o invertebrado? ¿Por qué?

El ornitorrinco

El ornitorrinco es uno de los animales más raros del mundo. Tiene el hocico en forma de pico y pone huevos, pero es un mamífero, porque da de mamar a sus crías.

¡El ornitorrinco parece estar hecho con distintas partes de otros animales!

Observa su boca y contesta. ¿A qué animal te recuerda? ¿Por qué?

El basilisco

El basilisco es un tipo de lagarto muy peculiar. En sus patas posee unas prolongaciones que se abren, aumentando así la superficie de apoyo.

Por eso puede correr rápidamente sobre el agua.

¿Qué tipo de animal es un basilisco?

- [ ] Un ave.
- [ ] Un reptil.
- [ ] Un pez.

¿Cómo lo describirías?

Guardianes de la naturaleza

¿Cómo va el proyecto que iniciasteis como guardianes de la naturaleza en la unidad 4? ¿Decidisteis adoptar algún animal? Describe vuestros avances.

¿Os hubiera gustado adoptar alguno de estos animales tan curiosos? ¿Cuál?

Demostrativos

Lee y aprende.

Yo uso esta silla verde; mamá, esa silla roja de ahí, y papá, aquella silla azul tan grande.

Las palabras este, ese, aquel, esta, esa, aquella y sus plurales acompañan al nombre y nos indican a qué distancia está lo que se nombra de la persona que habla.

1 Observa los dibujos y relaciona cada expresión con la distancia que corresponde.

Esa chaqueta morada.	Cerca.	Aquel osito.
Este abrigo rojo.	Lejos.	Ese coche.
Aquellos paraguas.	Media distancia.	Esta muñeca.

2 Observa el dibujo y completa lo que dice el ratón anciano. Después, subraya los demostrativos.

Este animal es un ______; ese es un

______, y aquel, un ______.

3 Observa la escena y completa con **esas**, **aquellas** o **estas**.

______ botas no me quedan bien.

¿Podría probarme ______ zapatillas?

También me llevaré ______ chanclas.

4 **Prepara el dictado**

Aquella chaqueta negra es pequeña. Esta es más grande. Ese abrigo me gusta más porque es de un color alegre.

Líneas

Observa, lee y aprende.

Hay distintos tipos de líneas: rectas, curvas y poligonales.

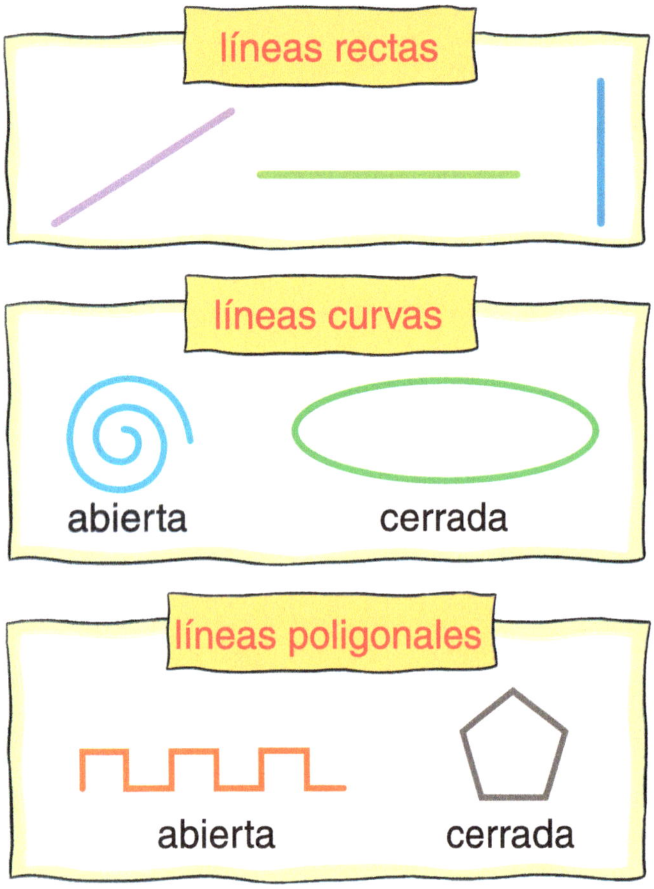

1 ¿Cómo son estas líneas? Escribe **recta**, **curva** o **poligonal**.

2 Observa estas letras y rodea como corresponda.

Rectas → ○ Curvas → ○

N U M L X O S

3 Utilizando una regla, une con líneas rectas para completar las figuras. Después, coloréalas.

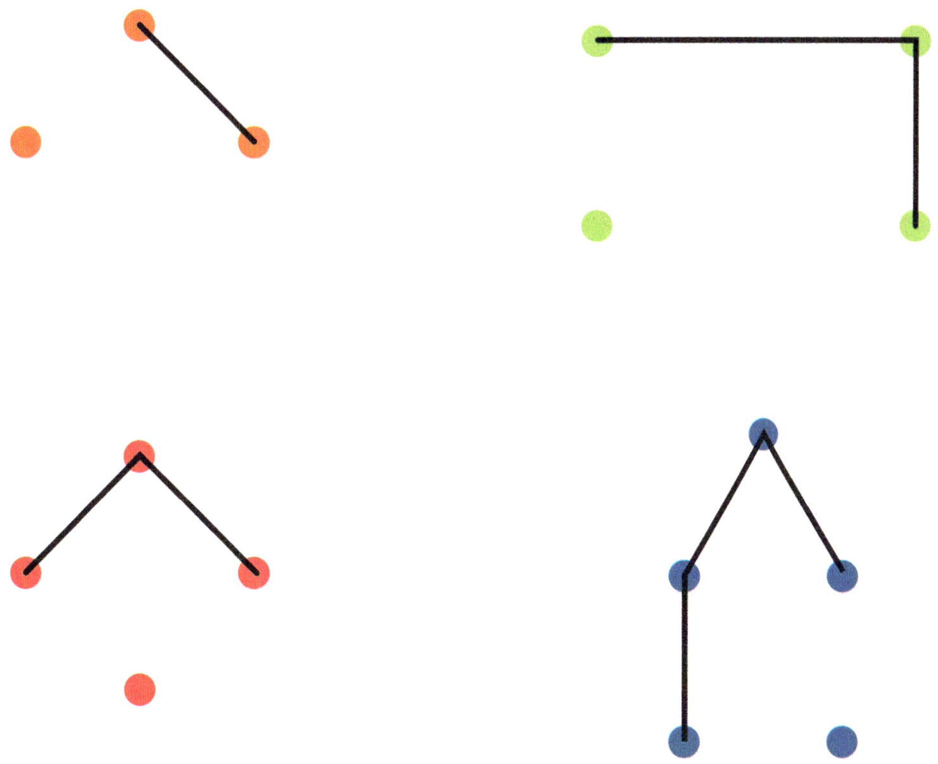

4 Dibuja.

Líneas curvas	Líneas rectas	Líneas poligonales

5 Observa y señala V si es verdadero y F si es falso.

	V	F
Un aro es una línea curva abierta.		
Un triángulo es una línea poligonal cerrada.		
La letra N está formada por líneas rectas.		

Rocas y minerales

Observa, lee y aprende.

¿Sabías que...?

El oro, la plata y los diamantes con los que se hacen las joyas son minerales.

Al caminar por el campo, podemos observar que la tierra que pisamos está compuesta, en gran parte, de rocas y minerales, que son materiales naturales.

La mayoría de las piedras que nos encontramos son rocas. Hay rocas duras, como la **pizarra** y el **mármol**, y rocas blandas, como la **arcilla**.

Las rocas están compuestas por diversos minerales.

Observa esta roca; es **granito**. Sus distintos colores indican los minerales que la componen.

En la naturaleza también podemos encontrar minerales de manera aislada, sin formar parte de una roca. Algunos muy apreciados son el **cuarzo** y el **cobre**.

cuarzo

cobre

Las rocas y los minerales tienen muchas utilidades: se utilizan en la construcción y la decoración de edificios, para la fabricación de herramientas, monedas, utensilios...

1 Señala verdadero (V) o falso (F).

	V	F
Las rocas son materiales naturales.		
Las rocas están compuestas por minerales.		
La pizarra es una roca blanda.		
El granito está formado por varios minerales.		
El cobre es de color negro.		

2 Lee el nombre de cada objeto y rodea la palabra que indica el material con el que se ha hecho. Después, escribe cada uno donde corresponda.

Si tienes dudas, vuelve a leer la página anterior.

Vasija de arcilla.

Tejado de pizarra.

Anillo de oro.

Pulsera de plata.

Cubos de mármol.

Cable de cobre.

Roca: ______________________________

____

Mineral: ______________________________

Expresión oral: Contar noticias

Observa cómo juegan estos niños a contar noticias, como si fueran periodistas.

Una **noticia** nos **informa** de algo que ha ocurrido.

La información debe ser clara y exacta.

1 Por parejas, inventad una noticia a partir de una de estas imágenes. Después, presentadla en clase.

Expresión escrita: Escribir el titular de una noticia

Lee y aprende.

Nace un oso panda ← titular

A las siete y media de esta mañana nació una cría de oso panda en el zoo de Madrid. Es un macho y los veterinarios aseguran que goza de una excelente salud. Sus cuidadores le han puesto de nombre Sonrisas.

El titular es la frase que encabeza una noticia. Aparece destacado y resume la información más importante.

1 Colorea con el mismo color las dos partes de cada titular.

Comienzan los campeonatos	una nueva vacuna.
Investigan	al panda recién nacido.
El alcalde visita	de natación.

2 De los titulares anteriores, elige el que resuma una noticia beneficiosa para la salud y escríbelo.

Taller de problemas: Identificar la pregunta

1 Señala la pregunta que corresponde a cada enunciado y resuelve los problemas.

- Patricia tiene tres bolsas. En cada bolsa lleva una manzana.

☐ ¿Cuántas manzanas tiene Patricia?

☐ ¿Cuántas manzanas se ha comido Patricia?

Resuelve mediante una multiplicación.

☐ × ☐ = ☐

Solución:

Patricia tiene ☐ manzanas.

- En un pueblo viven 65 niñas, 56 niños y 243 adultos.

☐ ¿Cuántas personas se han ido de vacaciones?

☐ ¿Cuántas personas viven en el pueblo?

Resuelve.

Solución:

En el pueblo viven ☐ personas.

- En esta estantería de la biblioteca hay 26 libros de aventuras, 132 libros de misterio y 45 libros de fantasía.

☐ ¿Cuántos libros de animales hay en la biblioteca?

☐ ¿Cuántos libros hay en total en esta estantería?

Resuelve.

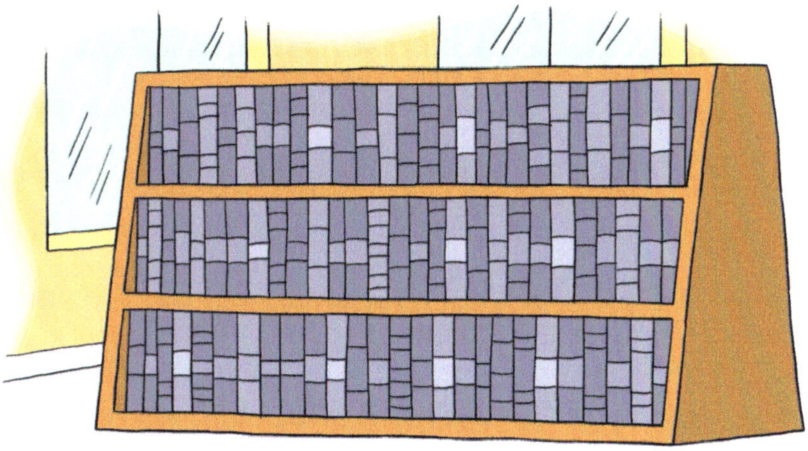

Solución:

En total, en esta estantería hay ☐ libros.

- Vicente tiene 5 lámparas en su casa y quiere comprar una bombilla de repuesto para cada lámpara.

☐ ¿Cuántas bombillas tiene que comprar Vicente?

☐ ¿Cuántas bombillas se han roto?

Resuelve mediante una suma.

☐ + ☐ + ☐ + ☐ + ☐ = ☐

Resuelve mediante una multiplicación.

☐ × ☐ = ☐

Solución:

Vicente tiene que comprar ☐ bombillas.

Repaso de la unidad

1 Elige y completa cada oración con una palabra compuesta.

cajón - lavavajillas - santo - cumpleaños - calabaza - girasol

Meto el tenedor en el ______.

Mañana es mi ______.

Me gustan las pipas de ______.

2 Completa con demostrativos.

______ gato que está en el tejado es mío.

______ zapatillas que llevo son nuevas.

Dame ______ libro que está a tu lado.

Me gusta ______ gorra que llevas hoy.

3 Une cada imagen con la multiplicación que corresponda.

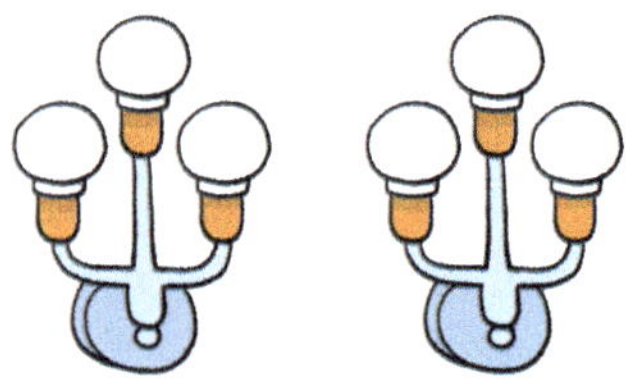

3 × 2   4 × 3   2 × 5

4 Colorea y escribe a qué grupo de animales pertenece este animal y si es vertebrado o invertebrado.

El sapo es un ______________.

Tiene huesos, por eso es un animal ______________.

5 Escribe el tipo de paisaje de cada fotografía.

llanura - costa - montaña

______________ ______________ ______________

Rodea los dibujos que se han formado con todas las figuras del recuadro.

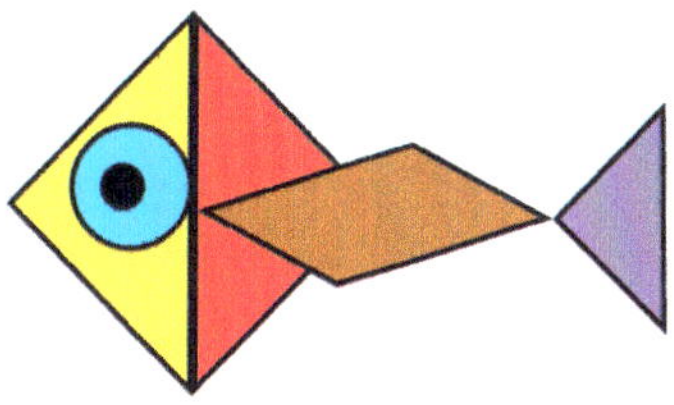

9 EN MI PLANETA HAY PLANTAS

Observamos

1 Yo lo veo, ¿tú lo ves? Señala la imagen que corresponde a la lámina. Marca las cuatro diferencias que hay entre ambas.

Hablamos

2 ¿Qué crees que está explicando el profesor? ¿Conoces el nombre de algún planeta, además de la Tierra?

3 ¿Qué hace el grupo de niños que está en el exterior? ¿Sabes qué cuidados requieren las plantas que están observando?

Y… empezamos

4 Colorea las plantas que aparecen en la escena. Después, elige y completa.

Todos son [arbustos / árboles] ______________.

PRIMERA PARTE

17

Había una vez...

Una planta fabulosa

Juan era un niño que vivía con su madre en un pequeño pueblo. Aquel año la cosecha había sido muy escasa por lo que casi no tenían nada para comer. Además, la madre llevaba tiempo enferma, así que le pidió a su hijo que fuera al mercado a vender la única vaca que tenían.

De camino al mercado, el niño se encontró con un anciano que le dijo amablemente:

—Pequeño, tengo la solución a tus problemas. Dentro de este saquito hay unas habichuelas mágicas. Solo tienes que plantarlas, y nunca volveréis a pasar hambre. Te las doy a cambio de esa vieja vaca.

Juan aceptó el trato y fue corriendo a contárselo a su madre. Pero ella, en vez de alegrarse, se llevó un gran disgusto; pensaba que el anciano había engañado a su hijo. Ahora no tenían ni vaca ni dinero. Apenada, tiró las habichuelas por la ventana.

Aquella noche, el pequeño no pudo dormir. Se levantó y, al mirar hacia la ventana, vio una enorme planta que subía hasta el cielo. ¡Las habichuelas habían brotado!

Juan abrió la ventana y decidió trepar por aquella planta. Cuando llegó al final, no lo podía creer, ante sus ojos había un castillo colosal, y en su puerta, un amable gigante.

—¡Menos mal que has subido, Juan! Aquel anciano que te encontraste es mi amigo el mago y me ha pedido que te entregue esta cajita. Cógela y vuelve a bajar corriendo. Esta planta es mágica y desaparecerá si le da la luz. Así que, corre, debes bajar antes de que la Luna salga de detrás de aquellas nubes.

El niño dio las gracias al gigante y bajó a toda prisa. Una vez en casa, Juan y su madre descubrieron que aquella cajita era mágica, pues cada vez que se abría, dejaba caer una moneda de oro. De este modo, jamás volvieron a pasar hambre.

Versión libre del cuento tradicional inglés
Jack y las habichuelas mágicas.

Comprendo la lectura

1 Completa el resumen de la lectura.

________ fue a vender una ________ y se encontró con un ________, que se la cambió por unas ________. De estas, nació una ________ enorme. Trepó por ella y un ________ le dio una ________ mágica.

2 ¿Qué significa que Juan «trepó por la planta»? Señala y escribe la respuesta correcta.

- [ ] Que se columpió en ella.
- [ ] Que subió por ella.
- [ ] Que bajó por ella.

____

Inteligencia lingüística: Relacionar palabras

Copia las acciones que están relacionadas con las plantas.

plantar - ordeñar - regar - peinar - sembrar - cosechar - podar - rugir

____

____

Antónimos con *des-* y con *in-*

Lee y aprende.

tapar destapar

visible invisible

Podemos formar palabras antónimas añadiendo des- o in- al principio de otras palabras.

1 Escribe **des-** o **in-** delante de estas palabras para formar sus antónimos.

______ coser	______ cumplir	______ hacer
______ útil	______ pegar	______ cierto

2 Completa las frases con los antónimos de estas palabras, utilizando **des-** o **in-**.

cómodo - montar - completo - cargar

Hay que ______________ el mueble.

Este sillón es muy ______________.

¿Me ayudas a ______________ el maletero?

Este puzle está ______________.

Números del 800 al 899

Observa, lee y aprende.

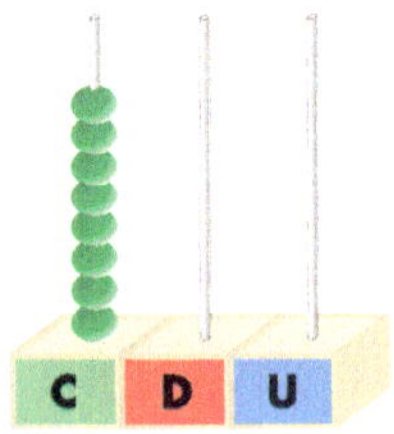

C	D	U
8	0	0

ochocientos

8 C = 80 D = 800 U

1 Escribe en letra los números **posteriores** a los que aparecen en las flores.

2 Observa los ábacos y une como corresponda.

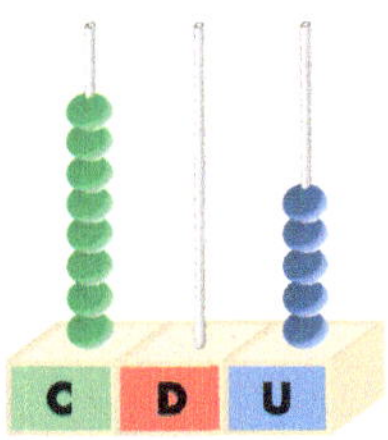

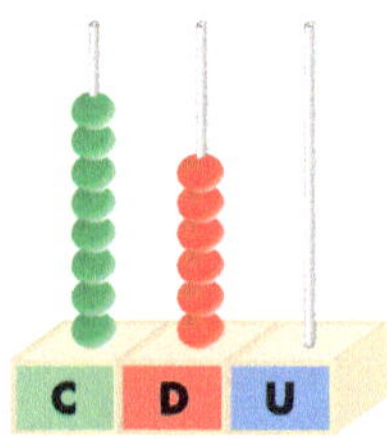

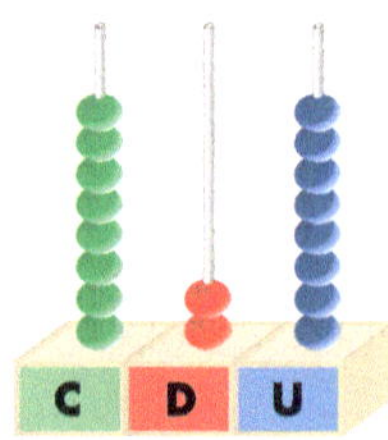

800 + 60

800 + 20 + 8

800 + 5

3 Observa estos números y completa.

Números con 2 decenas. → ☐ ☐ ☐

Números mayores que 850. → ☐ ☐ ☐

Números impares. → ☐ ☐ ☐

El número que queda. → ☐

4 ¿Cuál es el número mayor que puedes formar con estas cifras? ¿Y el menor? Escríbelo.

La clave está en la cifra de las centenas.

Número mayor: ☐

Número menor: ☐

5 Continúa la serie restando 10.

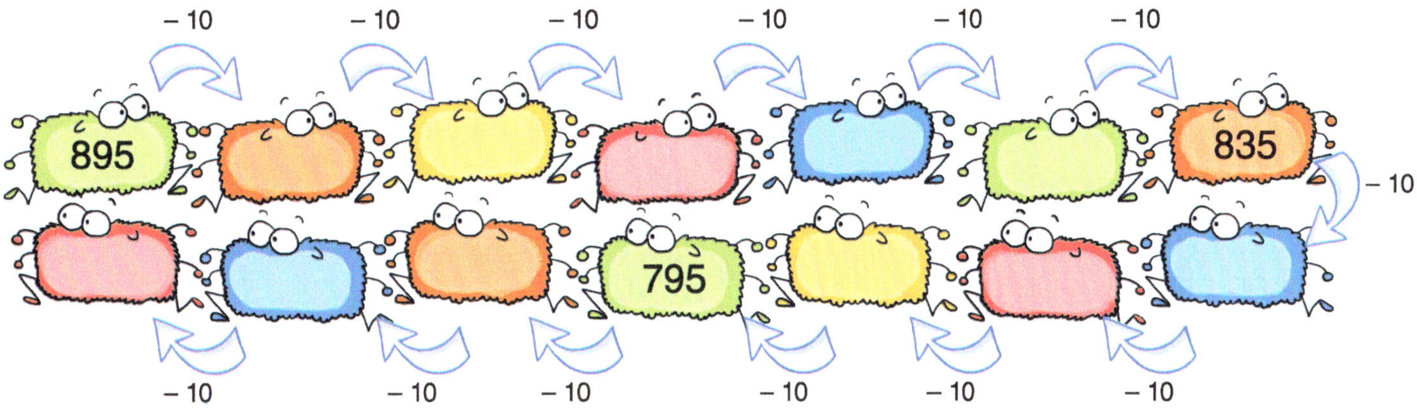

Características y partes de las plantas

Observa, lee y aprende.

Las plantas son seres vivos: nacen, crecen, se reproducen y mueren.

Todas las plantas tienen raíz, tallo y hojas. Algunas plantas, además, tienen flores, que, más tarde, se convertirán en frutos. Dentro del fruto están las semillas, y de cada semilla nace una nueva planta.

Completa con los nombres de las partes de una planta.

La raíz se encuentra bajo la tierra. Las plantas absorben el agua y las sustancias del suelo a través de la raíz. Estas sustancias ascienden por el tallo y llegan hasta las hojas, donde la planta fabrica su propio alimento. Para ello, necesita la luz del sol.

Todas las plantas necesitan luz, aire y agua para vivir.

1 Contesta.

- ¿Por qué las plantas no pueden fabricar su alimento de noche?

- ¿Las plantas pueden desplazarse? ¿Por qué?

2 Escribe lo que corresponde en cada caso.

Absorbe el agua de la tierra. → ______

Sostiene la planta. → ______

Nacen del tallo o de las ramas. → ______

En su interior están las semillas. → ______

3 Ordena del 1.° al 4 .°, elige y completa.

frutos - tierra - flores - planta

Se planta una semilla en la ______.

Después de un tiempo, la semilla brota y nace la ______. La planta crece y salen las ______. Finalmente, las flores se convierten en ______.

La erre

Observa, lee y aprende.

La **r** suena fuerte:

La ratita sonríe al perro.

La **r** suena suave:

La mariposa mira al caracol.

Se escribe rr cuando el sonido de la r es fuerte y va entre vocales (perro). En todos los demás casos, se escribe una sola r, aunque unas veces suena suave (caracol), y otras fuerte (ratita).

1 Rodea los objetos cuyos nombres tienen una **r** que suena suave y completa.

- El bebé toma ______.
- Los ______ son dulces.
- María, coge el ______.

2 **Prepara el dictado**

Sara merienda una naranja. Mario se toma una pera.

3 Subraya las palabras que llevan **r** o **rr** y escríbelas donde corresponda.

- El pirata tiene un loro.
- Este robot corre mucho.
- Ramón pinta la pared.

Suena fuerte	Suena suave

4 Lee las palabras con **r** y **rr**. Tacha las dos intrusas de cada fila.

- Sonido suave: cinturón, corro, careta, maracas, sirena, robot.
- Sonido fuerte: rizo, raíz, ciruela, raqueta, periquito, zorro.

5 Completa con **r** o con **rr** y rodea las palabras en que la **r** suene suave.

to___e co__azón __egalo tu___ón

__osa ama__illo bañe__a chu___o

6 Prepara el dictado

Es primavera y las plantas florecen. En el huerto hay un cerezo, una parra y un peral. El abuelo Curro los cuida. La abuela Marisa riega los rosales del jardín.

Taller de escritura

1 Observa estos cromos de animales y colorea los marcos siguiendo el código de color.

r suave → (amarillo) **rr** → (rojo) **r** inicial → (azul)

burro

jirafa

ratón

rana

zorro

loro

reno

mariquita

2 Escribe los nombres de los animales anteriores donde corresponda.

- Empiezan por **r**: ______________________________
- Llevan **rr**: ______________________________
- La **r** suena **suave**: ______________________________

____

3 Colorea la primera sílaba de cada palabra, ordénalas y descubrirás el nombre de un animal que lleva **r** fuerte y **r** suave. Escríbelo.

rico ceja techo

noche roncar

Solución: El ______________________.

4 Rodea las palabras en las que la **r** suena suave. Después, escríbelas donde corresponda.

- rojo - naranja - azul - marrón - amarillo - blanco.
- manzana - uva - pera - ciruela - melocotón - plátano.
- peral - roble - pino - morera - álamo.
- uno - dos - cincuenta - cuarenta - noventa - cero.

Dos árboles: ______________________

Dos colores: ______________________

Dos números: ______________________

Dos frutos: ______________________

5 Forma los antónimos de estas palabras añadiendo **des-** o **in-**. Después, rodea la pareja de palabras que lleven **r** suave.

correr: ______________ seguro: ______________

maduro: ______________ rizar: ______________

La tabla del 2

Observa, lee y completa la tabla del 2.

Para construir la tabla del 2, sumamos de 2 en 2.

2 → 2 × 1 = 2

2 + 2 → 2 × 2 = 4

2 + 2 + 2 → 2 × 3 = ☐

2 + 2 + 2 + 2 → 2 × 4 = ☐

2 + 2 + 2 + 2 + 2 → 2 × 5 = ☐

2 + 2 + 2 + 2 + 2 + 2 → 2 × 6 = ☐

2 + 2 + 2 + 2 + 2 + 2 + 2 → 2 × 7 = ☐

2 + 2 + 2 + 2 + 2 + 2 + 2 + 2 → 2 × 8 = ☐

2 + 2 + 2 + 2 + 2 + 2 + 2 + 2 + 2 → 2 × 9 = ☐

2 + 2 + 2 + 2 + 2 + 2 + 2 + 2 + 2 + 2 → 2 × 10 = ☐

1 Observa la tabla y completa.

2 × 8 = ☐
2 × ☐ = 18

2 × 7 = ☐
2 × ☐ = 8

2 × 6 = ☐
2 × ☐ = 10

2 ¿Cuántas mariquitas hay en total? Resuelve con una multiplicación.

☐ × ☐ = ☐ mariquitas

El doble

Observa, lee y aprende.

Para calcular el doble de un número, sumamos dos veces ese número o multiplicamos ese número por 2.

El doble de 5 es: 5 + 5 = 10 ⟶ 5 x 2 = 10

1 Observa, dibuja para que haya el doble y completa.

doble ⟶

El doble de 4 es ☐.

2 × ☐ = ☐

doble ⟶

El doble de 3 es ☐.

3 × ☐ = ☐

2 ¿Cuántas manzanas ha comprado Raúl? Observa y resuelve.

El doble de 6 es ⟶ ☐ × ☐ = ☐ manzanas.

La Tierra y el sistema solar

Observa, lee y aprende.

El sistema solar está formado por el Sol y ocho planetas, que giran a su alrededor.

El Sol es una estrella que da luz y calor a los planetas.

Nosotros vivimos en la Tierra, que es el único planeta en el que hay vida.

La Tierra tiene forma esférica, pero aplastada por sus extremos, que son los polos.

La mayor parte de la Tierra está cubierta de agua. A su alrededor hay una capa de aire, la atmósfera, que contiene el oxígeno que necesitamos para respirar.

La Luna gira alrededor de la Tierra, es su satélite.

Las fases de la Luna son las diferentes formas con las que vemos la parte iluminada de la Luna desde la Tierra.

1 Escribe lo que corresponda en cada caso.

- El sistema solar está formado por ______________________________.
- El Sol es una estrella que da ______________.
- El único planeta en el que hay vida es ______________.
- La Tierra tiene forma ______________ y está rodeada por la ______________.

2 Lee las pistas y escribe **creciente**, **menguante**, **llena** o **nueva** según corresponda.

- **Cuarto creciente:** la parte iluminada de la Luna tiene forma de «D».
- **Cuarto menguante:** la parte iluminada de la Luna tiene forma de «C».
- **Luna llena:** vemos la Luna redonda.
- **Luna nueva:** no vemos la Luna.

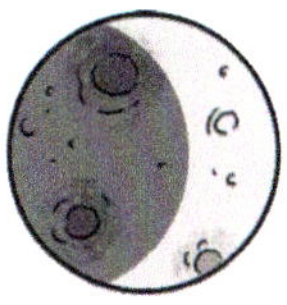 ______________

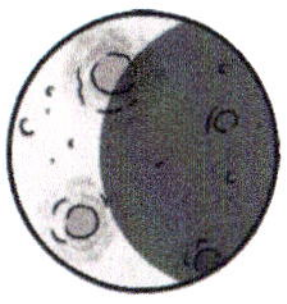 ______________

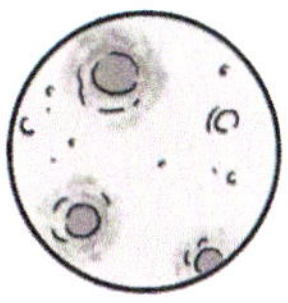 ______________

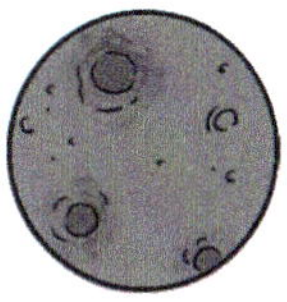 ______________

18

Había una vez...

Una nave espacial

Aquella tarde, Sara se había quedado dormida en el jardín, debajo de un sauce, leyendo un cuento que le gustaba mucho. Estaba soñando, plácidamente, cuando, de repente, sintió un dolor agudo en el pulgar del pie derecho y se despertó sobresaltada. Cuando miró, no se lo podía creer... ¡Un pequeño hombrecillo, de color naranja, le estaba dando un mordisco!

Sara apartó la mano inmediatamente y el hombrecillo empezó a hablar.

—Pérdoname, pero, ¡no he encontrado otra manera de despertarte! Te he llamado como cuatrocientas veces, pero no me oías... Es que necesito tu ayuda.

Sara se frotó los ojos... *¡Aquello tenía que ser un sueño!,* pensó. Un gracioso ser con trompetillas en el lugar de la nariz y de las orejas, ¡le estaba hablando! La niña pensó que era mejor no decir nada y esperar a despertarse de verdad; pero otro bocado, en el mismo dedo, la hizo reaccionar.

—Pe-pe-pero, ¡no puede ser! ¿Quién eres? ¿Por qué me muerdes? —le dijo Sara, más sorprendida, que enfadada.

—Perdona, es que como no decías nada… Soy Rosco y vengo del pequeño planeta X52, que está lejísimos de aquí. He estado estudiando vuestras costumbres y ya debo regresar a mi casa... pero necesito que me ayudes porque mi nave se ha quedado sin batería y necesito cargarla.

Después de dudarlo un rato, Sara cogió al hombrecillo en una mano y a su nave en la otra, y entró con ellos en su casa.

Una vez allí, desenchufó el móvil de su madre, que se estaba cargando, y conectó la nave al cargador.

—¡Solo serán un par de minutos! —dijo Rosco, más tranquilo.

Cuando la nave terminó de cargarse, el extraterrestre dio las gracias a la niña. Después se despidió con un caluroso abrazo y se marchó por la ventana en su pequeño vehículo espacial.

Sara se quedó sin saber qué decir y sin tener claro si aquello había sido verdad o solo un sueño. Fuera lo que fuese, decidió no contárselo a nadie, porque pensó que no la creerían. Se guardó la historia en su memoria y, un montón de años después, escribió este cuento.

Comprendo la lectura

1 Elige y completa.

pino - sauce | mordisco - puntapié | gnomo - extraterrestre

Sara se había dormido debajo de un ______.

La despertó el ______ de

un ______, que le pidió ayuda.

2 Señala y escribe qué objeto utilizó el extraterrestre para cargar su nave de energía. Después, rodea su dibujo.

- [ ] Un ventilador.
- [ ] Un bidón de gasolina.
- [ ] Un cargador de móvil.

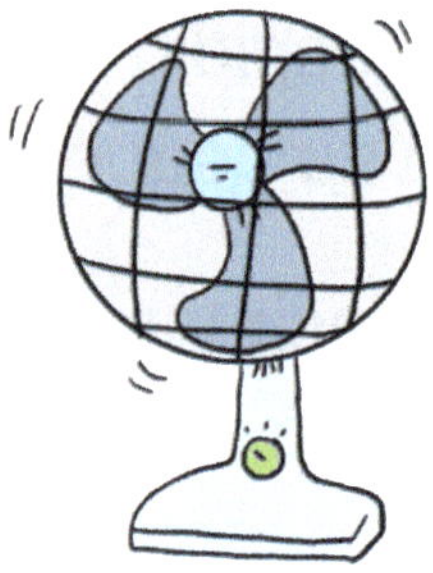

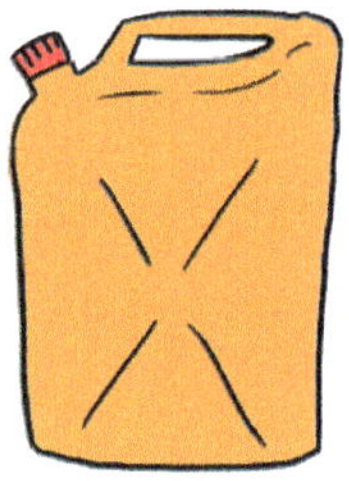

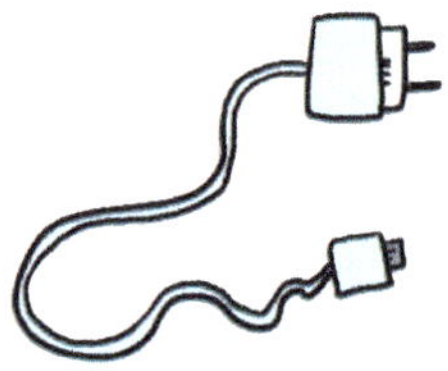

Inteligencia interpersonal: Pedir ayuda

Al igual que el pequeño extraterrestre, todos necesitamos ayuda alguna vez. Cuenta alguna ocasión en que tú la hayas necesitado y qué hiciste.

______

______

______

______

______

Antónimos con *des-* y con *in-*

Escribe los antónimos de estas palabras y recuerda.

atar ⟶ des __________ feliz ⟶ in __________

Si añadimos des- o in- al principio de algunas palabras, podemos formar sus antónimos.

1 Relaciona y colorea las fichas según corresponda para formar palabras antónimas.

congelar

justo

hacer

cierto

correcto

capaz

montar

calzar

2 Completa cada oración con el antónimo de la palabra destacada.

Eso no es agradable, es ____________________.

No estoy tranquilo, estoy ____________________.

La tabla del 3

Observa, lee y completa la tabla del 3.

Para construir la tabla del 3, sumamos de 3 en 3.

3 →	3 × 1 =	3
3 + 3 →	3 × 2 =	6
3 + 3 + 3 →	3 × 3 =	
3 + 3 + 3 + 3 →	3 × 4 =	
3 + 3 + 3 + 3 + 3 →	3 × 5 =	
3 + 3 + 3 + 3 + 3 + 3 →	3 × 6 =	18
3 + 3 + 3 + 3 + 3 + 3 + 3 →	3 × 7 =	
3 + 3 + 3 + 3 + 3 + 3 + 3 + 3 →	3 × 8 =	
3 + 3 + 3 + 3 + 3 + 3 + 3 + 3 + 3 →	3 × 9 =	
3 + 3 + 3 + 3 + 3 + 3 + 3 + 3 + 3 + 3 →	3 × 10 =	

1 Realiza las multiplicaciones y colorea el dibujo según el código.

3 × 2 = ☐ → (amarillo)

3 × 8 = ☐ → (verde)

3 × 6 = ☐ → (rojo)

3 × 4 = ☐ → (naranja)

3 × 5 = ☐ → (azul)

El triple

Observa, lee y aprende.

El triple de 2 es: 2 + 2 + 2 = 6 ⟶ 2 **x** 3 = 6

Para calcular el triple de un número, sumamos tres veces ese número o multiplicamos ese número por 3.

1 Observa los números de los cohetes y une cada uno con su triple.

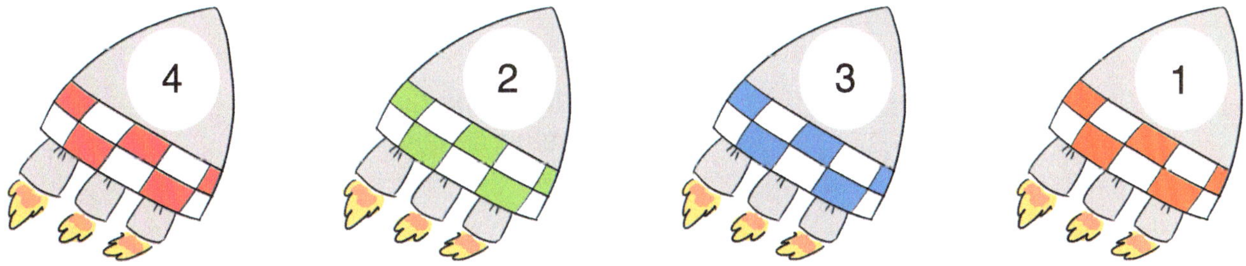

6 | 3 | 12 | 9

2 **Cálculo mental.** **Resta 10.**

45 – 10	35 – 10	65 – 10	55 – 10
25 – 10	75 – 10	95 – 10	85 – 10

Tipos de plantas

Observa, lee y aprende.

Según sea su tallo, las plantas pueden ser árboles, arbustos o hierbas.

Árbol
Su tallo, llamado tronco, es grueso y duro; de él salen las ramas.

Algunos, como el manzano, dan fruta; son árboles frutales.

¿Sabías que...?
Hay árboles que pierden todas sus hojas en otoño, y en invierno sus ramas están desnudas. Son árboles de **hoja caduca.**
Hay otros que van cambiando sus hojas a lo largo de todo el año, pero no las pierden todas de golpe. Son árboles de **hoja perenne.**

Hierba
Su tallo es verde, corto, fino y flexible.

Arbusto
Tiene varios tallos duros y finos que salen de la tierra.

1 ¿Qué tipo de planta son? Escribe **árboles**, **arbustos** o **hierba**.

Plantas con flor y sin flor

Observa, lee y aprende.

Cuando llega la primavera, muchas plantas se llenan de flores. Los árboles frutales, las plantas de las huertas, los rosales, los tulipanes de los jardines, etc., son plantas con flor.

Hay otras plantas que nunca tienen flores, como los helechos y los musgos; son plantas sin flor.

Plantas con flor

almendro

amapola

Plantas sin flor

helecho

musgo

Las plantas utilizan las flores para reproducirse.

Piensa y completa.

tallos - frutos

Las flores se convierten en ______________.

semillas - flores

En el interior de los frutos hay ______________.

hoja - semilla

De cada ______________ *brota una planta.*

El género. Masculino y femenino

Lee y aprende.

El niño. Los cuadernos.
Un gato. Unos cohetes.

La niña. Una regadera.
Las plantas. Unas flores.

Niño, cuadernos, gato y cohetes son nombres masculinos. Delante de ellos podemos poner el, los, un o unos.

Niña, plantas, regadera y flores son nombres femeninos. Delante de ellos podemos poner la, las, una o unas.

1 Rodea con azul los nombres masculinos y con rojo los femeninos.

La luna y las estrellas brillan en el cielo.

Hay una gata y unos gatitos en el tejado.

El humo sale por la chimenea de una casa.

El barrendero barre las hojas.

La señora busca las llaves de la puerta.

2 Prepara el dictado

Puse las flores en el jarrón. Eran unas rosas y unas margaritas.

3 Escribe **el**, **la**, **los** o **las** delante de los nombres y une.

______	*nave*		______	*planeta*
______	*gorro*	Masculino	______	*nubes*
______	*pinos*	Femenino	______	*palmera*
______	*rosas*		______	*geranios*

4 Clasifica los nombres de los objetos.

Masculinos	Femeninos
______	______
______	______

5 Cambia el género de todas las palabras de cada frase.

El niño pequeño. → La niña pequeña.

Una gata blanca. → *Un gato* ______

Los monos listos. → ______

Unas chicas altas. → ______

Litro, medio litro y cuarto de litro

Observa, lee y aprende.

1 litro

El **litro** es la unidad que se utiliza para medir líquidos.

1 ¿Cuántos litros hay? Calcula y completa.

Hay ____ ____________. Hay ____ ____________.

2 Piensa y relaciona cada recipiente con los litros que crees que puede contener.

10 litros   150 litros   3 litros   1 litro

Observa, lee y aprende.

Para medir cantidades inferiores al litro, utilizamos el medio litro y el cuarto de litro.

1 litro = 2 medios litros

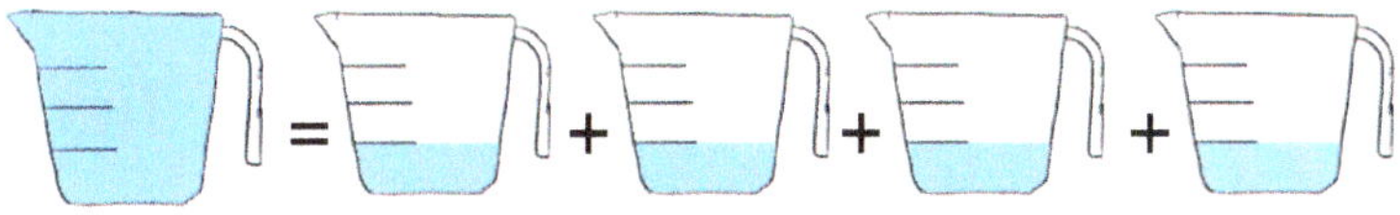

1 litro = 4 cuartos de litro

3 Dibuja lo que falta en cada caso para tener un litro.

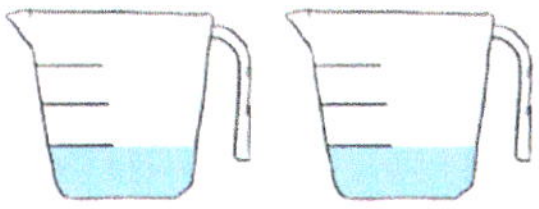

4 Observa, une como corresponda y completa.

 = medio litro

 = 1 cuarto de litro

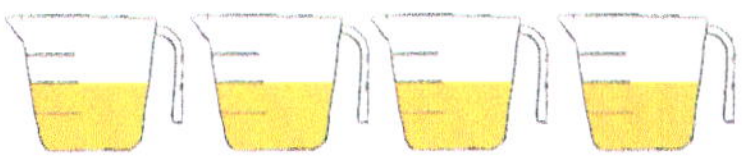

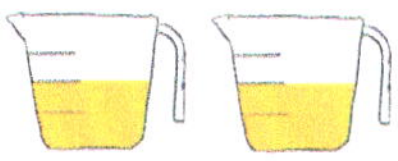

1 litro

2 litros

1 litro = ☐ medios litros

2 litros = ☐ medios litros

1 litro = ☐ cuartos de litro

2 litros = ☐ cuartos de litro

Los movimientos de la Tierra

Observa, lee y aprende.

Aunque no nos demos cuenta, la Tierra se mueve constantemente, realizando dos tipos de movimientos:

- La Tierra gira sobre sí misma, como una peonza. De este modo la luz del Sol ilumina distintas zonas, produciéndose así los días y las noches.

  La Tierra tarda un día en dar una vuelta completa sobre sí misma. A este movimiento se le llama movimiento de rotación.

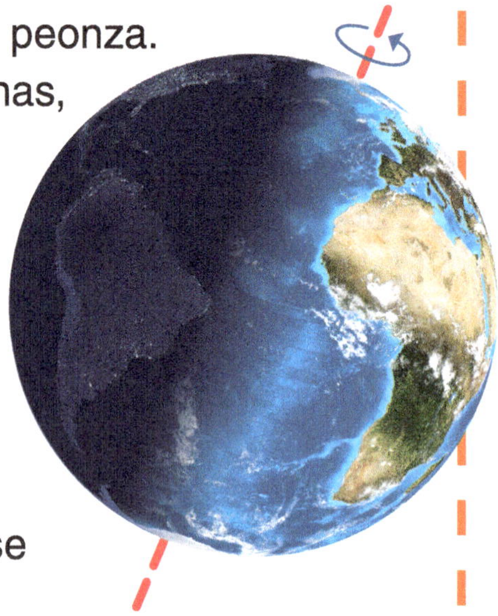

- La Tierra, al mismo tiempo, gira alrededor del Sol. Tarda 365 días, es decir, un año, en dar una vuelta completa. Durante ese tiempo se suceden las cuatro estaciones del año.

  A este movimiento se le llama movimiento de traslación.

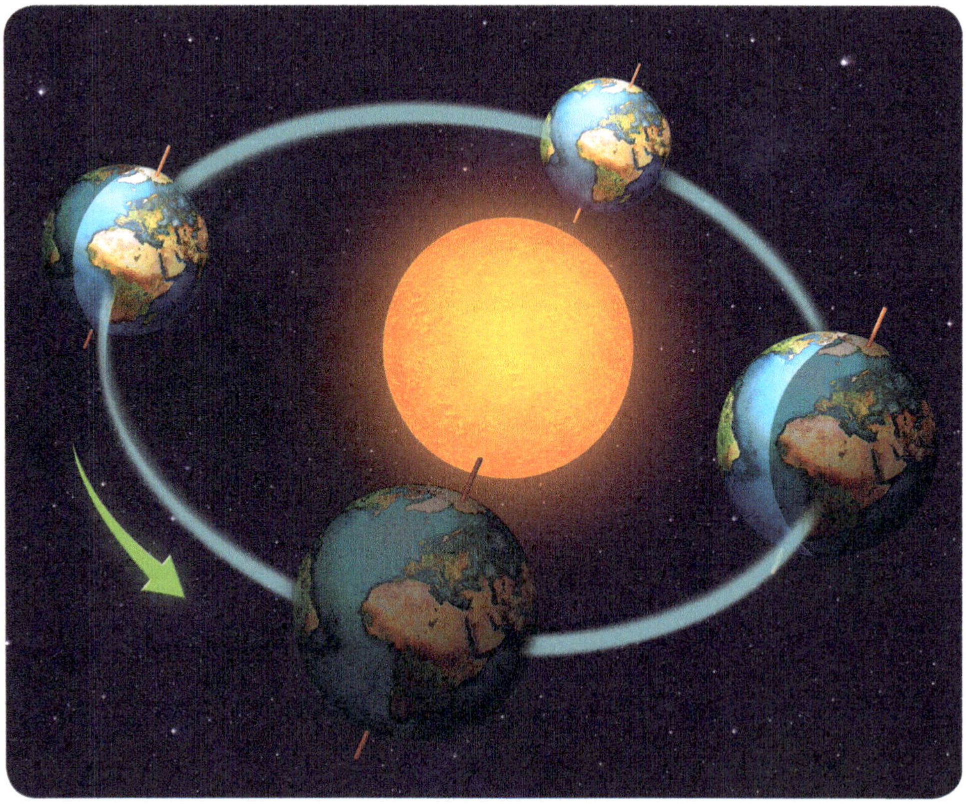

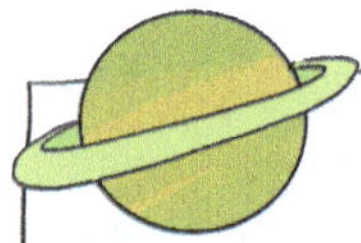

El camino que recorre la Tierra y los demás planetas alrededor del Sol se llama órbita.

1 Lee, elige y completa.

las estaciones | un día | un año | los días y las noches

La Tierra tarda ______ en dar una vuelta completa sobre sí misma. Este movimiento da lugar a ______.

Además, la Tierra tarda ______ en completar un giro alrededor del Sol dando lugar a ______.

2 Fíjate en la imagen y escribe lo que corresponda.

noche - polo norte - polo sur - día

Movimiento de rotación

Expresión oral: Contar un cuento

Recuerda el cuento *Una planta fabulosa* y contesta de forma oral a las preguntas.

- ¿Quién es el protagonista?
- ¿Qué tuvo que hacer un día y qué le ocurrió?
- ¿Qué pasó al final?

Para contar un cuento, podemos comenzar por decir su título y, a continuación, seguir estos pasos:

1.° Presentar al personaje o a los personajes protagonistas.

2.° Contar algo importante que les ocurre.

3.° Explicar cómo se soluciona lo que les pasa.

1 Escribe un final para este cuento. Después, cuéntaselo entero a los demás.

El robot Cien Tornillos

Había una vez un robot que se llamaba Cien Tornillos y que siempre acompañaba a un astronauta en sus viajes espaciales.

Un día, el astronauta consiguió otro robot más moderno y se dejó olvidado a Cien Tornillos en un planeta lejano.

Expresión escrita: Completar un cómic

Recuerda el principio del cuento *Una nave espacial.*
Podemos contar lo mismo en forma de viñetas de cómic.

Un **cómic** es una historia contada por medio de **viñetas**. Las viñetas son ilustraciones que pueden ir, o no, acompañadas de texto. Lo que dicen los personajes en cada viñeta va dentro de unos espacios llamados **bocadillos**.

1 Escribe el bocadillo de la primera viñeta y completa el dibujo de la segunda. Colorea el bocadillo que nos indica que el personaje está pensando.

Taller de problemas: Escribir la pregunta

1 Lee los enunciados, escribe una pregunta para cada problema y resuélvelos.

- Roberto ha comprado 15 litros de leche, 10 litros de zumo de naranja y 30 litros de agua.

Resuelve.

Solución:

- Una maceta pequeña de margaritas cuesta 5 €, y una maceta grande, el doble.

Resuelve.

□ × □ = □

Solución:

- En el concurso de preguntas, el equipo A consiguió 4 puntos y el equipo B consiguió el triple.

Resuelve.

☐ × ☐ = ☐

Solución:

- En la clase de 2.° A han gastado 14 litros de agua en una semana para regar sus plantas y en 2.° B, 4 litros menos.

Resuelve.

Solución:

Repaso de la unidad

1 Completa las palabras con **des-** o **in-** y relaciona cada una con su significado.

_____visible	Que no está colocado.
_____colocado	Que no se puede ver.
_____completa	Que no está enchufado.
_____enchufado	Que no está completa.

2 Completa los nombres con **r** o **rr**. Después, señala si son masculinos (M) o femeninos (F).

	M	F		M	F		M	F
bu___a	☐	☐	_oca	☐	☐	go___a	☐	☐
e_izo	☐	☐	_emo	☐	☐	ba___o	☐	☐

3 Rodea las jarras que ha bebido cada niño.

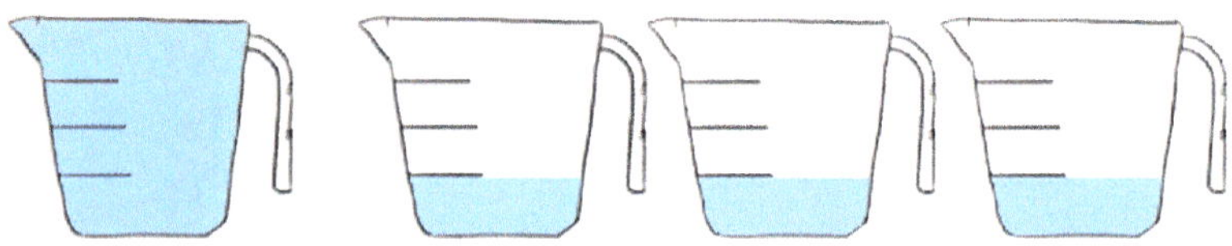

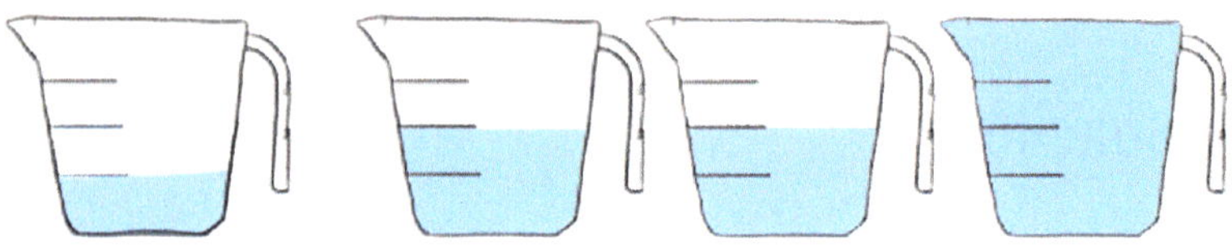

4 Colorea el resultado correcto de estas multiplicaciones.

$2 \times 6 =$	12	16	$2 \times 4 =$	12	8	$2 \times 8 =$	18	16
$3 \times 4 =$	14	12	$3 \times 7 =$	21	24	$3 \times 9 =$	22	27

5 Dibuja una planta con flor y otra sin flor.

6 Observa y escribe **rotación** o **traslación**.

Observa el código y realiza las operaciones.

2 	4 	5 	8 	9 	3 	7 

10 VISITAMOS UN VIVERO

Observamos

1 Yo lo veo, ¿tú lo ves? Colorea los que aparecen en la escena.

- ¿En cuál de los transportes viajan más personas juntas?

En ______________________

Hablamos

2 ¿Has estado alguna vez en un vivero? ¿Sabes qué diferencia hay entre un vivero y un jardín?

3 ¿Cómo se llama la profesión de las personas que cuidan las plantas? ¿Has visto alguna vez en el campo flores silvestres como las de la lámina? ¿Quién crees que las planta y las cuida?

Y… empezamos

4 Señala la escena en la que los peatones pueden cruzar la calle correctamente. Explica por qué.

____

____

____

PRIMERA PARTE

19

El profesor Misterio

El nuevo abono

El profesor Misterio era un extraordinario investigador e inventor. Pasaba horas y horas en su laboratorio probando fórmulas para solucionar distintos problemas: la contaminación, la sequía, los resfriados...

Todos sus inventos eran geniales, aunque tenían una extraña particularidad: al final, nada servía para lo que él había pensado. Así, cuando investigaba una loción para el dolor de espalda, le salió una pomada para las durezas de los pies. Cuando quiso inventar un combustible que no contaminara, consiguió un champú anticaspa... En fin, que nunca se sabía en qué iban a terminar sus investigaciones. Por eso, todo el mundo le conocía como el profesor Misterio; y es que era un auténtico misterio saber qué iba a salir de cada experimento.

Pero aquella vez tenía que ser diferente. El profesor se había propuesto hallar el abono más potente de la historia.

Para ello, había pasado tres años observando el crecimiento de distintas plantas en su laboratorio. Anotaba día a día, con gran exactitud, lo que medía cada una. Si todo salía bien, combinaría las esencias de las plantas que crecían más y obtendría un abono que, con solo unas gotitas, haría que cualquier semilla se convirtiera en una planta enorme en tan solo diez minutos.

El profesor comenzó a pensar en aceitunas del tamaño de naranjas; en naranjas como coliflores; y en coliflores como calabazas gigantes... En resumen, si su abono era efectivo... ¡se podría acabar con el hambre en el mundo!

¡Y por fin llegó el momento esperado! Para probar el abono echó unas gotas en unas margaritas. Mientras esperaba, se quitó un momento las gafas para limpiárselas, y, cuando se las volvió a poner, no podía creer lo que veía… ¡A las pobres margaritas les habían salido bigotes!

Tras un instante de desánimo, el profesor reflexionó sobre lo que había pasado y recuperó la calma. ¡Acababa de inventar el crecepelo más eficaz de toda la historia de la humanidad!

Comprendo la lectura

1 Contesta.

- ¿Por qué llamaban al protagonista «el profesor Misterio»?

- ¿Qué tenía de especial el abono que quería inventar?

- ¿Qué consiguió en lugar del abono?

2 El profesor tuvo un momento de **desánimo.** ¿Sabes qué significa? Subraya la respuesta correcta.

- Que estaba contento, muy animado.
- Que estaba sin ánimo, sin ganas de seguir.
- Que estaba muy nervioso, muy impaciente.

Inteligencia naturalista: Cuidar nuestro planeta

Imagina que eres un científico. Escribe el descubrimiento que te gustaría realizar para cuidar nuestro planeta.

Familias de palabras

Lee y aprende.

El profesor observa la flor de la lavanda.

La lavanda es un arbusto que florece en verano. Sus flores se utilizan para hacer perfumes y también tienen propiedades medicinales.

Unas flores de lavanda secas en un florero son una excelente decoración.

El conjunto de una palabra y sus derivadas forma una familia de palabras. **Flor**, y sus palabras derivadas **florecer**, **florero**, **floristería**... pertenecen a la misma familia de palabras.

1 Une las palabras de la misma familia.

jardín	caminata	bañera
camino	jardinero	caminante
baño	dentista	jardinería
diente	bañador	dentadura

2 Completa las oraciones con palabras de la familia de **mar.**

marina - mariposa - marinero - marioneta - marítimo

Mi abuelo fue ______.

En la costa vimos una tortuga ______.

El buque llegó al puerto ______.

Números del 900 al 999

Observa, lee y aprende.

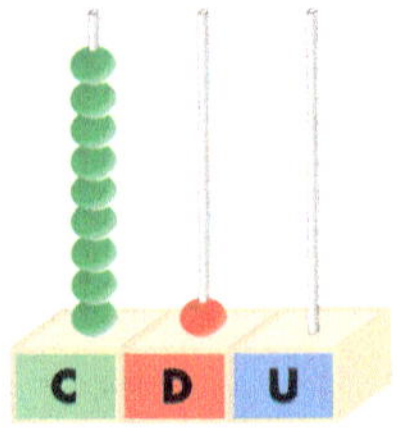

C	D	U
9	1	0

novecientos diez

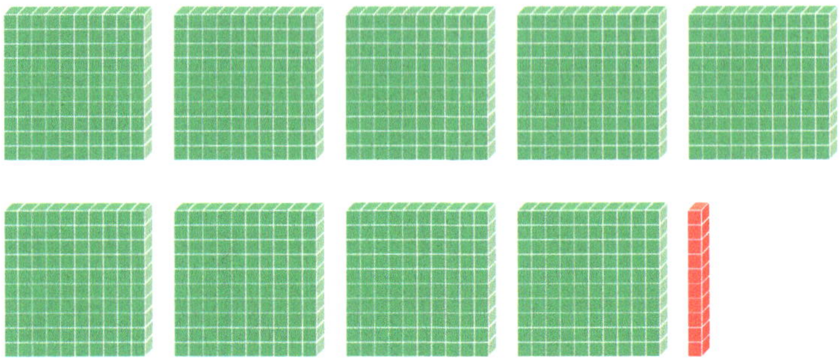

9 C + 1 D = 910

1 Observa el ejemplo y completa.

915 = 900 + 10 + 5

933 = ☐ + ☐ + ☐

962 = ☐ + ☐ + ☐

971 = ☐ + ☐ + ☐

- Novecientos sesenta y dos
- Novecientos quince
- Novecientos setenta y uno
- Novecientos treinta y tres

2 Colorea los números pares de cada semáforo y escribe los impares.

Impares: ☐ ☐ ☐ ☐

3 Colorea en cada cartel los números que se indican y ordénalos.

Mayores de 950

958	974	903	920	986	997	962

- Ordena los números coloreados de mayor a menor.

☐ > ☐ > ☐ > ☐ > ☐

Menores de 950

915	988	937	909	943	973	902

- Ordena los números coloreados de menor a mayor.

☐ < ☐ < ☐ < ☐ < ☐

4 ¿Qué número es? Piensa y escribe.

9 C, 5 D y 6 U → ☐

9 C, 7 D y 4 U → ☐

9 C y 8 D → ☐

9 C y 2 U → ☐

5 Continúa la serie sumando 10.

860 → + 10 → ☐ → + 10 → ☐ → + 10 → ☐ → + 10 → 900 → + 10 → ☐ → + 10 → ☐ → + 10

☐ ← + 10 ← ☐ ← + 10 ← ☐ ← + 10 ← ☐ ← + 10 ← ☐ ← + 10 ← ☐ ← + 10 ← ☐

Plantas silvestres y cultivadas

Observa, lee y aprende.

¿Cómo crees que han nacido las plantas que aparecen en las tres imágenes? ¿Las habrá sembrado alguien?

Las plantas silvestres son aquellas que crecen solas en los campos y en los bosques, sin que nadie las siembre ni las riegue. La amapola, la lavanda y el romero son plantas silvestres.

Pero hay otro tipo de plantas: las que las personas sembramos y cuidamos en campos de cultivo, huertos, jardines, macetas…, para decorar o para obtener alimentos u otros productos de ellas; son plantas cultivadas.

1 Escribe **silvestres** o **cultivadas.**

Utilidades de las plantas

Recuerda que el papel se fabrica con la madera de los árboles. Por eso, no debemos malgastarlo y hay que reciclarlo.

Observa, lee y aprende.

Las plantas son muy importantes para la vida en el planeta porque fabrican el oxígeno del aire que respiramos. Además, de ellas obtenemos:

- Alimentos, como frutas, verduras, cereales...
- Materiales naturales, como la madera de los árboles con la que se hacen los muebles, o algodón para fabricar tejidos.

- Medicinas y remedios naturales con propiedades curativas, como la manzanilla, el aloe, el eucalipto, etc.

- Productos cosméticos. Por ejemplo, con flores como la lavanda, la rosa, la lila, etc., se hacen perfumes, jabones…

1 Investiga para qué utilizamos estas plantas y clasifícalas.

roble - lino - algodón - tila - lila - eucalipto - rosa - pino

Perfumes: ____________________

Medicinas: ____________________

Tejidos: ____________________

Muebles: ____________________

Palabras terminadas en *-illo/-illa*

Observa, lee y aprende.

El sol amarillo brilla,
pero tengo mi sombrilla.
Traeré agua de la orilla,
como un chiquillo.
Con la pala y el rastrillo
haré un castillo.

Recuerda

Algunas palabras terminadas en **-illo/-illa** son diminutivos.

Las palabras terminadas en -illo o en -illa se escriben con ll.

1 Completa las frases con los nombres correspondientes terminados en **-illo** o en **-illa**.

Un ________________ de tortilla.

Unos clavos y un ________________.

Mi ________________ de dientes.

Una ________________.

2 Prepara el dictado

Una pandilla de chiquillos cantó en la fiesta. El estribillo era muy alegre. Tocaban triángulos, xilófonos y campanillas. Después comimos galletas de mantequilla, rosquillas y peladillas.

3 Completa las palabras con **-illo** o **-illa** e inventa un texto con algunas de ellas.

campan____ bols____ mantequ____

pajar____ pand____ ov____

morc____ pepin____ manzan____

4 Rodea los diminutivos y clasifica todas las palabras.

vajilla - florecilla - flequillo - jaboncillo - vainilla - panecillo

Diminutivos	No diminutivos

Taller de escritura

1 Observa los dibujos y completa las oraciones utilizando palabras terminadas en **-illo** o en **-illa**.

Papá come una ______________________.

El jardinero usa el ______________________.

Juego debajo de la ______________________.

2 Colorea del mismo color las hojas que tengan palabras de la misma familia y escríbelas donde corresponda.

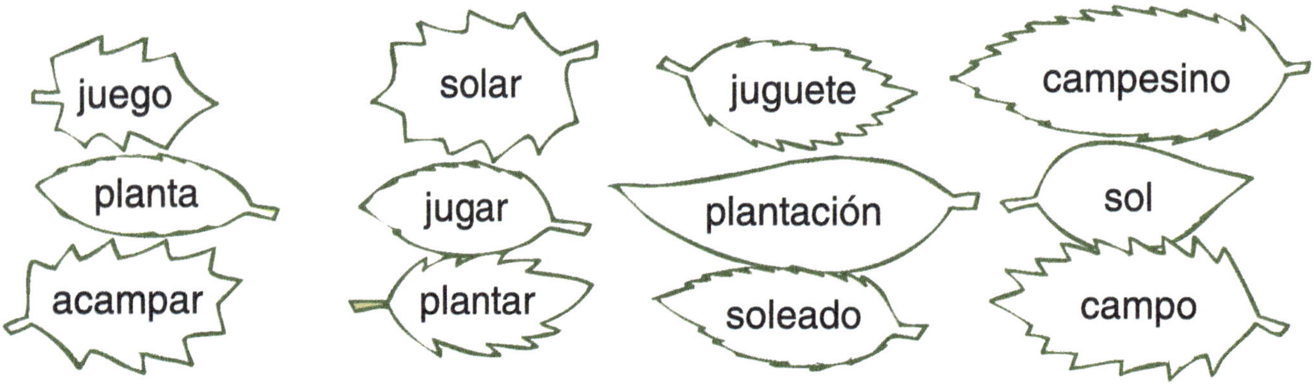

Planta: ______________________

Campo: ______________________

Juego: ______________________

Sol: ______________________

3 Lee y completa el texto con palabras terminadas en **-illo** o en **-illa.**

Ayer vi una película de miedo.

Era de un vampiro que vivía

en un ______.

Por la noche, tuve una

______.

Mamá me abrazó fuerte y me

besó en la ______.

4 Observa los dibujos y descríbelos utilizando algunas de las palabras del recuadro.

pastilla - ardilla - pasillo - castillo - tobillo - cervatillo

1 

2 

3 

1 ______

2 ______

3 ______

La tabla del 4

Observa, lee y completa la tabla del 4.

Para construir la tabla del 4, sumamos de 4 en 4.

4 × 3 = 12

4 →	4 × 1 =	
4 + 4 →	4 × 2 =	8
4 + 4 + 4 →	4 × 3 =	
4 + 4 + 4 + 4 →	4 × 4 =	16
4 + 4 + 4 + 4 + 4 →	4 × 5 =	
4 + 4 + 4 + 4 + 4 + 4 →	4 × 6 =	
4 + 4 + 4 + 4 + 4 + 4 + 4 →	4 × 7 =	28
4 + 4 + 4 + 4 + 4 + 4 + 4 + 4 →	4 × 8 =	
4 + 4 + 4 + 4 + 4 + 4 + 4 + 4 + 4 →	4 × 9 =	36
4 + 4 + 4 + 4 + 4 + 4 + 4 + 4 + 4 + 4 →	4 × 10 =	

1 Colorea los resultados de la tabla del 4 para mostrar el camino que tiene que seguir la niña hasta llegar a la parada de autobús.

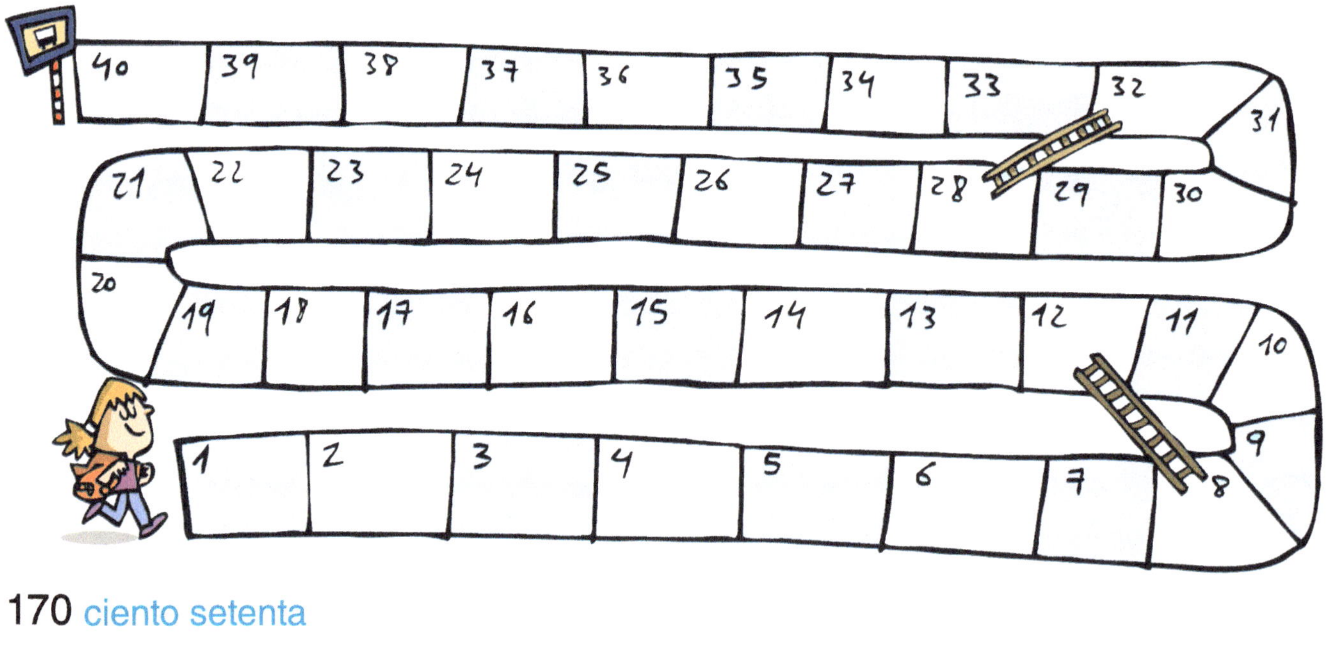

La tabla del 5

Observa, lee y completa la tabla del 5.

Para construir la tabla del 5, sumamos de 5 en 5.

5 → 5 × 1 = ___

5 + 5 → 5 × 2 = ___

5 + 5 + 5 → 5 × 3 = ___

5 + 5 + 5 + 5 → 5 × 4 = 20

5 + 5 + 5 + 5 + 5 → 5 × 5 = ___

5 + 5 + 5 + 5 + 5 + 5 → 5 × 6 = ___

5 + 5 + 5 + 5 + 5 + 5 + 5 → 5 × 7 = ___

5 + 5 + 5 + 5 + 5 + 5 + 5 + 5 → 5 × 8 = ___

5 + 5 + 5 + 5 + 5 + 5 + 5 + 5 + 5 → 5 × 9 = 45

5 + 5 + 5 + 5 + 5 + 5 + 5 + 5 + 5 + 5 → 5 × 10 = ___

1 Colorea el resultado correcto en cada caso.

5 × 4 = 20 / 24

5 × 6 = 36 / 30

5 × 10 = 10 / 50

2 **Cálculo mental.** Suma 10.

300 + 10	420 + 10	560 + 10	600 + 10
730 + 10	830 + 10	900 + 10	200 + 10

Los medios de transporte

Observa, lee y aprende.

Utilizamos los medios de transporte para trasladarnos de un lugar a otro o para transportar mercancías.

En los transportes colectivos pueden viajar muchas personas; en los individuales, solo una o muy pocas. El tren y el autobús son medios de transporte colectivos, y la moto y el coche son individuales.

El transporte público es una buena opción para moverse en las grandes ciudades. En muchas hay autobuses, y en algunas, también, metro y tranvía.

Dependiendo del medio por el que se desplacen, hay tres tipos de transportes: terrestres, marítimos y aéreos.

Lee, observa y escribe de qué tipo son estos.

Los barcos se mueven por el mar. En los puertos embarcan y desembarcan.

Son transportes ____________________.

Los coches, los camiones y los autobuses circulan por las carreteras; los trenes se desplazan por las vías.

Son transportes ____________________.

Los aviones viajan por el aire. Los aeropuertos son las instalaciones donde aterrizan y de donde despegan los aviones.

Son transportes ____________________.

1 Colorea siguiendo el código y escribe **individual** o **colectivo,** según corresponda.

terrestre →  marítimo →  aéreo → 

2 Escribe el nombre del lugar de donde sale cada uno.

estación - puerto - aeropuerto

SEGUNDA PARTE

20

El profesor Misterio

¡Bravo, profesor!

Aquel año, el profesor Misterio recibió un premio por su crecepelo. Funcionaba tan bien que en solo unos minutos hacía crecer una larguísima melena.

El día de la ceremonia, el investigador estaba algo incómodo. Todos sus compañeros le felicitaban, pero él no estaba contento... Lo que de verdad deseaba era conseguir ese fabuloso abono que terminara con el hambre en el mundo.

El profesor estuvo a punto de rechazar aquel premio, pensaba que no se lo merecía. Sin embargo, al escuchar lo importante que había sido su invento para algunas personas, cambió de opinión. El crecepelo les había ayudado mucho. Hasta una colega suya, le dedicó, agradecida, un poema en tono de broma:

El profesor Misterio

Cuando el profesor Misterio
se dispone a investigar,
nadie sabe el nuevo ingenio
con que nos sorprenderá.

¿Gasolina para el postre?
¿Un champú para los pies?
¿Una sopa para el coche?
¿O un jamón para beber?

Quiso acabar con el hambre
y descubrió un crecepelo.
Consiguió un desodorante,
en vez de un refresco nuevo...

Pero todos sus inventos
son geniales de verdad,
aunque sean un misterio...
¡no deje de investigar!

M.ª I. Fuentes

El profesor recogió su premio y dio las gracias de corazón. Aquellos versos y el cariño de todos le habían hecho reflexionar... Aunque no saliera lo que se había propuesto, ¡merecía la pena seguir investigando!

Comprendo la lectura

1 Une para formar oraciones sobre la lectura y escribe la que se refiere al invento del protagonista.

■ El profesor Misterio	funcionó muy bien.
■ El crecepelo	recibió un premio.
■ Una científica	le felicitaron.
■ Sus compañeros	le dedicó un poema.

2 ¿Qué pensó el protagonista al final de la historia? Señala y escribe la respuesta correcta.

- [ ] Que nunca más volvería a investigar.
- [ ] Que sus inventos no valían para nada.
- [ ] Que tenía que seguir investigando.

Inteligencia lingüística: Hacer una entrevista

Imagina que eres un periodista y que tienes que entrevistar al profesor Misterio. Escribe tres preguntas que le harías.

Familias de palabras

Escribe dos palabras de la familia de **pan** y recuerda.

pan ______________ ______________

El conjunto de una palabra y sus derivadas forma una familia de palabras.

1 Resuelve el crucigrama.

1. Lugar donde se vende pescado.
2. Persona que pesca.
3. Pez comestible.
4. Persona que vende pescado.
5. Barco dedicado a la pesca.

UNA PISTA:

Todas las soluciones forman parte de una familia de palabras.

Los polígonos

Observa, lee y aprende.

Los polígonos son figuras planas cerradas, formadas por líneas rectas. Según su número de lados, pueden ser:

triángulos	cuadriláteros	pentágonos	hexágonos
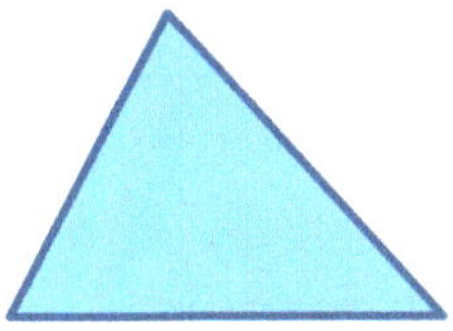			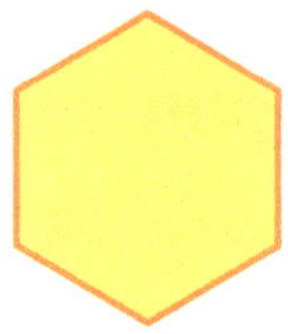
3 lados	4 lados	5 lados	6 lados

1 Cuenta los lados que tiene cada polígono y une como corresponda.

triángulo

cuadrilátero

pentágono

hexágono

2 Dibuja con la regla.

Un triángulo

Un cuadrilátero

Elementos de un polígono

Observa, lee y aprende.

Estos son los elementos de un polígono:

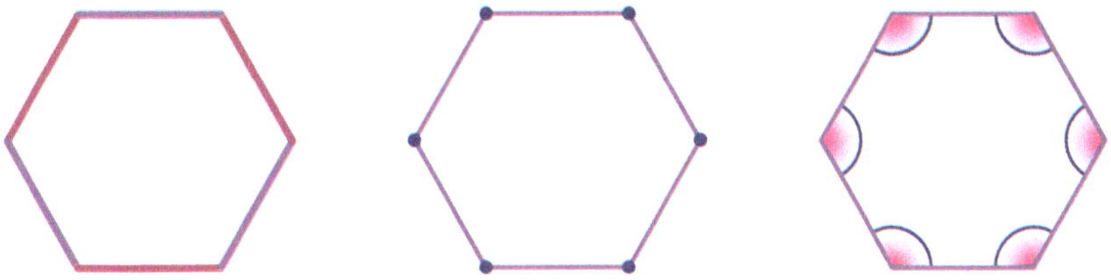

lados vértices ángulos

En cada polígono, el número de lados, de vértices y de ángulos es el mismo.

1 Marca en cada polígono los elementos que se indican.

lados vértices ángulos

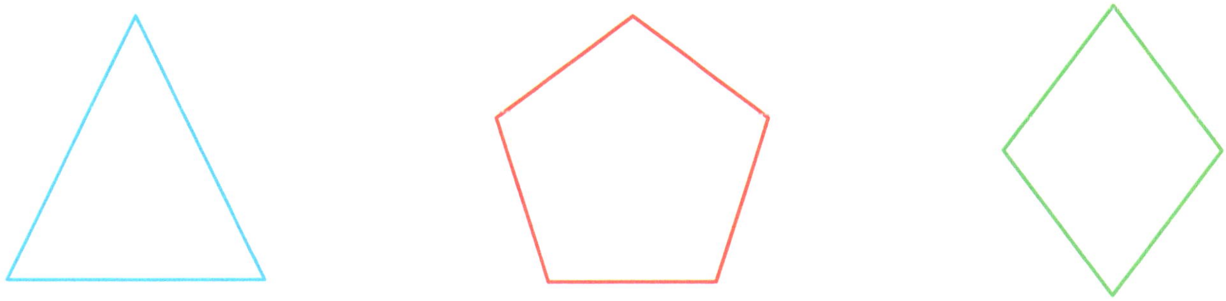

2 Escribe el número de lados, vértices y ángulos de cada polígono.

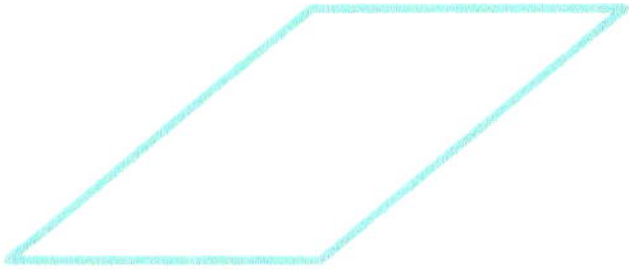

☐ lados
☐ vértices
☐ ángulos

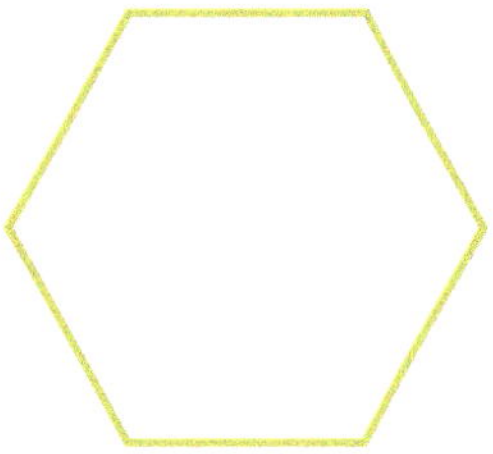

☐ lados
☐ vértices
☐ ángulos

Experimento: El tallo de las plantas

Observa y comprueba cómo suben los nutrientes que hay en el agua a través del tallo.

Necesitamos: dos ramas de apio con hojas, dos vasos con agua y azúcar.

Pasos:

1. Llena de agua cada uno de los vasos.
2. Echa en uno de ellos cuatro cucharadas de azúcar, remueve y marca el vaso escribiendo en él «con azúcar».
3. Marca el otro vaso escribiendo en él «sin azúcar».
4. Ahora introduce en cada uno de los vasos una rama de apio.
5. Coloca los vasos cerca de una ventana para que les dé la luz del sol durante un par de días.

Recuerda que los nutrientes suben a través del tallo de la planta hasta las hojas.

1 Piensa y contesta.

- Si a los dos días probamos la hoja de apio que ha estado en agua con azúcar, ¿cómo crees que sabrá?

- Y si probamos la hoja de apio que ha estado solo en agua, ¿crees que tendrá el mismo sabor que la otra? ¿Por qué?

2 Ahora prueba las dos ramas de apio, y comprueba si has acertado.

- Explica por qué crees que tienen distinto sabor.

Puedes seguir este mismo procedimiento para **teñir flores blancas**. Si añadimos en el agua colorante o témpera del color deseado, el agua coloreada subirá por el tallo hasta la flor, y esta adquirirá el color elegido. ¡Inténtalo!

Describe los pasos que representan las imágenes.

- Se echa agua en un vaso y se añade el colorante.

-

-

El número. Singular y plural

Lee y aprende.

Singular: margarita, investigador

Plural: margaritas, investigadores

Los nombres en singular se refieren a una sola persona, un solo animal, un solo objeto…

Los nombres en plural se refieren a más de uno.

El plural de un nombre se puede formar añadiendo -s o -es.

1 Rodea los nombres en plural y escríbelos donde corresponda.

- Los viajeros llegan a la estación.
- El tren tiene diez vagones.
- Hay señores con maletas.

Terminan en -s	Terminan en -es

2 Subraya los nombres del poema que están en plural y escríbelos en singular.

Flores

Hay flores en la montaña,
a la sombra de los pinos.

También crecen por el llano
junto a trigales y olivos.

Y podemos encontrarlas
enfrente del mar tranquilo.

Y en los tiestos de la abuela...
Y en el búcaro amarillo...

¡Qué suerte tienen las flores
que están en todos los sitios!

Ana M.ª Romero Yebra

3 Escribe en plural.

Esta montaña. →

Ese barco. →

Aquella silla. →

4 Prepara el dictado

Mi hermano Quique es muy pillo. Se esconde por el pasillo y detrás de los visillos. Le gusta darme sustillos y hacerme cosquillas.

Cuadros de doble entrada

Observa, lee y aprende.

En la clase hemos preguntado cuántos niños y cuántas niñas tienen como mascota un perro, un gato o un pájaro. Este es el resultado en forma de cuadro de doble entrada.

niñas	7	5	2
niños	3	6	2
total	10	11	4

A simple vista, vemos que:

- tienen perro más niñas (7) que niños (3);
- tienen gato más niños (6) que niñas (5);
- hay el mismo número de niños y de niñas que tienen pájaro (2).

En un cuadro de doble entrada se presentan distintos datos que se pueden analizar y comparar.

1 Observa el cuadro sobre los medios de transporte que utilizan los alumnos de segundo para ir al colegio. Calcula los totales y contesta.

niñas	4	5	2
niños	6	9	1
total			

- ¿Cuál es el medio de transporte más utilizado?

2 Observa los libros que se han vendido en la librería. Después, completa el cuadro y contesta las preguntas.

marzo	108	225
abril	64	106
total		

- ¿Qué libros se han vendido más en abril, los de aventuras o los de terror? ¿Cuántos se han vendido?

- ¿Cuántos libros de terror y aventuras se han vendido en total durante el mes de marzo?

Se han vendido ___ libros.

3 Repasa las tablas del 1 al 5 con este cuadro de doble entrada.

×	1	2	3	4	5	6	7	8	9	10
1								8		
2		4			10					
3			9			18			27	
4				16				32		
5					25					

Educación vial

Observa, lee y aprende.

Por nuestra seguridad, tanto los peatones como los conductores debemos conocer y respetar las normas de circulación.

En esta escena, ¿cumplen todos las normas de circulación? Explica por qué.

¿Sabías que...?
Al paso de peatones también se le llama «paso de cebra». ¿Te imaginas por qué?

Es muy importante recordar:

- Cuando paseemos por la calle, debemos hacerlo por la acera, nunca por la calzada.
- Solo podemos cruzar cuando el semáforo esté verde para los peatones. Si no hay semáforo cerca, buscaremos un paso de peatones, y nos aseguraremos de que los vehículos hayan parado antes de cruzar.
- Cuando vamos en coche o en autocar, siempre debemos llevar puesto el cinturón de seguridad.

1 Tacha las oraciones falsas y escríbelas bien.

- Antes de cruzar una calle, hay que mirar a ambos lados.
- Cruzaremos si el semáforo está rojo para los peatones.
- Es obligatorio ponerse el cinturón de seguridad.
- Siempre hay que caminar por la calzada.
- Es peligroso jugar cerca de la calzada.

2 Cerca de las puertas de los colegios hay una señal como esta. Busca su significado y explícalo.

3 Busca imágenes de las señales que se indican y dibújalas.

Paso de peatones.

Carril reservado para las bicicletas.

Expresión oral: Describir un objeto

Observa cómo describe el profesor Misterio su nuevo invento.

Os presento el vehículo del futuro: la mochila voladora.

En parte, es como todas las mochilas: tiene asas y compartimentos para guardar lo que queráis. Y es ligera porque está hecha de plástico.

Pero, a diferencia de las demás, tiene un motor y una hélice, y, si te la cuelgas a la espalda, puedes volar con ella cómodamente.

Describir un objeto es explicar cómo es. Para ello, tenemos que dar algunos datos que permitan identificarlo, como su forma, su color, su tamaño, el material del que está hecho o para qué se utiliza.

1 Imagina otro invento fantástico y dibújalo. Después, escribe qué es y para qué se utiliza, y descríbeselo de forma oral a tus compañeros y compañeras.

Expresión escrita: Las instrucciones

Lee las instrucciones de uso de la mochila del profesor Misterio.

1.° Con el adaptador, carga la batería de la mochila hasta que se encienda la luz verde.

2.° Introduce un brazo por cada asa para colgártela a la espalda.

3.° Pulsa el botón del asa izquierda para volar.

4.° Para girar, tira del asa del lado hacia el que quieras girar.

5.° Para parar, vuelve a pulsar el botón del asa izquierda.

Para dar unas instrucciones, indicamos paso a paso lo que hay que hacer.

1 Explica, en tres pasos, las instrucciones que hay que seguir para utilizar tu invento de la página anterior.

1.° ______________________________

____

2.° ______________________________

____

3.° ______________________________

____

Taller de problemas: Seleccionar los datos

1 Lee los enunciados, observa las tablas y resuelve los problemas.

- El cuadro representa el número de niños y niñas que han participado en las competiciones de atletismo y ajedrez celebradas en el colegio. ¿Cuántos niños y niñas han participado en total en la competición de atletismo?

Datos:

	atletismo	ajedrez
niños	15	9
niñas	12	18

Operación:

Solución:

- Este cuadro recoge los habitantes que hay en el pueblo de Claudia y en el de Paula. ¿Cuántos habitantes hay en total en el pueblo de Paula?

Datos:

	pueblo de Claudia	pueblo de Paula
niños	100	150
mujeres	225	230
hombres	152	263

Operación:

Solución:

Los alumnos de segundo han votado cuál es su lugar favorito para ir de vacaciones. ¿Cuántos alumnos prefieren ir a la playa?

Datos:

	playa	montaña
niños	16	18
niñas	10	9

Operación:

Solución:

¿Cuántos niños más que niñas prefieren ir a la montaña? Calcula mentalmente y completa.

Prefieren ir ☐ niños más.

Luisa y Sergio han estado cuidando las plantas de su invernadero durante los meses de vacaciones. ¿Cuántos días ha ido Luisa al invernadero durante los dos meses?

Datos:

	Luisa	Sergio
julio	10	21
agosto	19	12

Operación:

Solución:

¿Quién ha ido más días al invernadero en julio? Calcula mentalmente y escribe la respuesta.

Repaso de la unidad

1 Tacha la palabra intrusa de cada familia de palabras y escríbela donde corresponda.

pelo	peso	paso
peluquero	pesar	pasar
peluca	pasado	pelado
pesado	pesadez	pasable
__________	__________	__________

2 Escribe los nombres de los objetos donde corresponda.

Singular	Plural
__________	__________
__________	__________

3 Colorea el polígono que ha dibujado Sergio y señala sus vértices y sus ángulos en color rojo.

4 ¿Cuántos hay en total? Calcula con una multiplicación.

☐ × ☐ = ☐ aviones. ☐ × ☐ = ☐ globos.

5 Lee, completa y dibuja el medio de transporte que se describe.

Medio de transporte colectivo y terrestre, que se desplaza por vías.

Es un ______.

6 Completa.

El pino es una planta ______
porque crece sola en la ______.

¿Qué camino debe seguir este pasajero para subirse al avión?

Tarea: Invitados a comer

Observa estas etiquetas; aparecen en un paquete de macarrones. Después, realiza las actividades.

¿Cómo cocer macarrones?

4 raciones — 7/9 min. 7/9 minutos de cocción

- Para medio kilogramo de macarrones, se necesita un litro de agua y sal.
- Poner a cocer el agua. Añadir la sal y, después, la pasta.
- Remover de vez en cuando y, una vez transcurridos los minutos indicados, apartar y escurrir la pasta.

Receta: Macarrones con tomate a la italiana

- Freír lentamente media cebolla picada en 4 cucharadas de aceite.
- Añadir salsa de tomate y dejar que todo cueza durante 5 minutos.
- Espolvorear con hierbas aromáticas, sazonar con sal y retirar del fuego.
- Añadir la salsa a los macarrones cocidos.

1 Juanjo tiene invitados a comer. Ha leído las instrucciones de cocción de los macarrones y se ha dado cuenta de que debe preparar pasta para el doble de personas. ¿Cuántas van a comer?

☐ 6 personas ☐ 8 personas ☐ 12 personas

2 ¿Puedes ayudar a Juanjo a calcular lo que necesita?

- Si para 4 personas se necesita medio kilogramo de pasta, ¿cuántos paquetes de medio kilogramo necesita para el doble de personas? Colorea y completa.

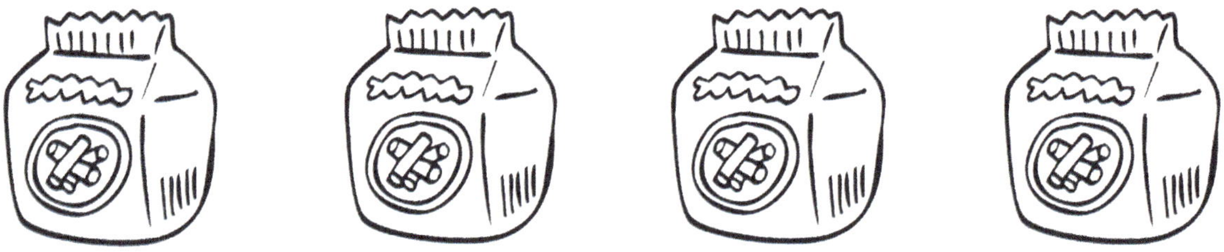

Necesita ☐ ______________________

2 medios kg = ☐ kg

- Si para preparar macarrones para 4 personas Juanjo tiene que poner a cocer 1 litro de agua, ¿cuántos litros de agua necesita para el doble de personas?

Necesita ☐ litros.

- Para medir el agua, Juanjo solo tiene una jarrita de cuarto de litro. ¿Cuántas jarras de agua necesita? Colorea y completa.

2 litros = ☐ cuartos de litro.

3 Lee ahora la receta que aparece en el paquete y contesta.

- ¿El tomate y la cebolla se obtienen de plantas cultivadas o silvestres?

Se obtienen de plantas ________.

- ¿De qué fruto se obtiene el aceite? ¿Cómo se llama la planta que da ese fruto? ¿Qué tipo de planta es? Elige y completa.

El aceite se obtiene de la [bellota / aceituna] ________,

que es el fruto del [olivo / encina] ________.

El olivo es un [árbol / arbusto] ________.

Repaso trimestral

1 ¡Oh, oh! Parece que ha caído pintura en este poema... Presta atención a los sonidos y escribe debajo de cada manchita, el nombre del animal correspondiente.

La granja de los ruidos

El hizo *miau*
y el perro hizo *gua*;
el , *pío*;
la gallina, *ca*.
La hizo *mu*,
y el , *cua*.
La cabra hizo *be*,
y la oveja, *ba*.
Y el loro, enfadado,
les dijo:
—¡A callar!

Carlos Reviejo

2 Completa esta lista con los nombres de todos los animales del poema, pero en plural, con los artículos correspondientes.

Los gatos, los

3 Rodea la palabra equivocada en cada oración. Tacha la letra que sobra en cada una de esas palabras y escribe la oración correcta.

- Mario tuvo anoche pescadillas.

- Soñó con un vampiro salto.

- Quería morderle los abrazos.

- Perro Mario se despertó antes.

4 Escribe las palabras de la actividad anterior que tienen **r** suave.

5 Tacha los errores y escribe las palabras que deberían ir en su lugar. Una pista: son todas de la misma familia de palabras.

Ayer fui a la farmacia a por el pan. →

La frutera me ofreció magdalenas. →

Compré dos barras de leche. →

Repaso trimestral

1 Estas personas están en fila para subir al autobús. Observa atentamente y contesta las preguntas.

- Cuenta las personas que están en la fila y fíjate en qué orden están. ¿Qué puesto ocupa el último chico? Escríbelo en letra y en número.

Está el ______________________.

Está el ______ .

- Si el billete de autobús cuesta 2 euros, ¿cuánto les costarán los billetes al grupo de 5 amigos que hay al principio?

☐ × ☐ = ☐

2 Lee, piensa y rodea el dinero que ha gastado cada uno.

3 Marta ha dibujado en su tablet un polígono. Sigue las pistas y averigua el polígono que ha dibujado.

Marta ha dibujado un ______________.

4 En el colegio se ha realizado una encuesta sobre las actividades extraescolares preferidas por los alumnos. Completa la tabla y contesta.

niños	78	223	350
niñas	93	134	335
total			

- ¿Cuántos niños y niñas prefieren natación?

En total, ______ niños y niñas prefieren natación.

- ¿Cuál es la actividad extraescolar menos votada?

____

Repaso trimestral

1 En la ficha de este animal hay errores. Copia sus características y escribe bien las incorrectas.

Tiburón

Es vertebrado.

Es ovíparo.

Tiene pulmones.

Tiene escamas.

Tiene patas.

2 Señala cuál de estas tres definiciones de planta es la correcta. Después, cópiala.

- ☐ Las plantas son seres inertes que tienen raíz, tallo y hojas. Pueden ser silvestres y cultivadas.
- ☐ Las plantas son seres vivos que tienen raíz, tallo y hojas. Pueden ser silvestres y cultivadas.
- ☐ Las plantas son seres vivos que tienen raíz, tallo y hojas. Todas son cultivadas.

3 Busca seis medios de transporte y luego escribe sus nombres donde corresponda.

A	U	T	O	B	Ú	S	V
A	J	R	T	D	O	A	E
R	U	E	I	T	R	G	L
C	A	N	O	A	O	S	E
Y	U	X	E	E	Y	S	R
O	B	A	V	I	Ó	N	O
S	T	I	B	U	R	O	A
A	V	I	O	N	E	T	A

Terrestres

Marítimos

Aéreos

4 Lee la conversación entre Ana y su madre. Escribe las formas de agua que mencionan.

Mamá, me duele un poco la tripa. ¿Qué puedo hacer? 15:30 am

¡Vaya! Prepárate una manzanilla. 15:31 am

¿Cómo la hago? 15:32 am

Pon agua a calentar. Cuando empiece a hervir, echa la manzanilla. Déjala reposar y después cuélala. 15:33 am

¿Cómo sabré que está hirviendo? 15:34 am

Porque saldrá vapor. 15:35 am

¡Pero estará muy caliente! 15:36 am

¡Pues echa un cubito de hielo! 15:37 am

Líquida: Sólida: Gaseosa:

Leo, leo...

¿Qué lees?

Nunca más aburridos no es un libro de lectura, sino un libro participativo donde el protagonista eres tú.
Un libro lleno de ideas fantásticas que te ayudará a pasar, de forma creativa y divertida, tus vacaciones, los fines de semana o los días que te apetezca estar al aire libre. El libro consta de más de 40 juegos para realizar fuera de casa, agrupados en cuatro capítulos: juegos con la naturaleza, de habilidad, de movimiento y de agua.

Móvil natural

Aprovecha tus paseos o excursiones para recoger todo aquello que pueda servirte para fabricar un móvil. Cuando lo cuelgues en una ventana se moverá con el viento.

¿Qué necesitas?

- Tijeras
- Punzón
- Alambre
- Cordel o lana
- Pinturas y pincel
- Un tronco no muy grueso de 40 cm de largo
- Semillas, tronquitos, guijarros, piedras, piñas pequeñas, trozos de corteza, plumas...

10

6+
30'
1+

1 Pinta y decora el tronco. Cuando esté seco, átale un trozo de cordel para poder colgarlo.

2 Corta cuatro o cinco cordeles de varios palmos de largo cada uno para anudar todo lo que has encontrado.

3 Pide ayuda a un mayor si tienes que agujerear algún objeto con el punzón o utilizar el alambre para fijar la pieza. ¡Puede ser una operación delicada!

4 El orden en que coloques los objetos, el espacio que dejes entre ellos y las combinaciones depende de tu creatividad. Deja volar tu imaginación.

5 Ata las tiras al tronco pintado y ya podrás colgar el móvil. ¡Verás cómo se mueve al compás del viento!

Si te ha gustado lo que se propone en el libro *Nunca más aburridos fuera de casa,* seguro que te encantarán las propuestas de *Nunca más aburridos dentro de casa,* de la misma colección.

Inventa una manualidad que podrías hacer dentro de casa con objetos y materiales que encuentres en ella y explica cómo hacerla. Puedes seguir el modelo de las páginas anteriores:

- Título y presentación de la manualidad.
- ¿Qué necesitas?
- Pasos que hay que seguir.

APRENDER ES CRECER JUNTOS es un proyecto educativo de Anaya Educación para el segundo curso de Educación Primaria.

En la realización de este libro han intervenido:

Autoras:
Mª Isabel Fuentes, Paqui García de Dionisio, Ana María García Luque

Ilustraciones:
M.ª Ángeles Aznar, Màriam Ben-Arab, José Ángel Labari, Carles Martí

Edición:
Rocío Antón, Ana Morcillo, Ana Moreno

Maquetación:
Nieves Merino

Diseño de cubierta e interiores:
Miguel Ángel Pacheco y Javier Serrano

Corrección:
Mercedes Pérez

Tratamiento infográfico del diseño:
Patricia Gómez

Edición gráfica:
Beatriz Gutiérrez

Fotografías:
AGE Fotostock, Archivo Anaya (Balaguer, T.; Candel, C.; Canto, M.; Cosano, P.; Cruz, M.; Fernández Vega, J.; Hawksworth, E.; Hernández Moya, B.; Lezama, D.; Martín, J. A.; Martínez, C.; Muñoz, J. C.; Ortiz, J.; Padura, S.; Pozo, M.; Rico, J. J.; Rivera Jove, V.; Ruiz, J. B.; Steel, M.; Valls, R.; Velasco, P. - Fototeca de España; Zuazo, A. H.), Getty Images, Minden Pictures/ASA, Museo Sorolla, NASA, NPL/Cordon Press, 123RF.

Agradecimientos: Francisco José Gómez del Carpio y Sara Mátar Moya.

Las **normas ortográficas** seguidas en este libro son las establecidas por la Real Academia Española en la *Ortografía de la lengua española,* publicada en el año 2010.

Nuestras publicaciones mantienen el rigor en el uso y en la selección de los contenidos, en las imágenes y en el lenguaje, para cumplir con la **no discriminación** por razón de género, cultura u opinión.

ISBN: 978-84-678-7513-3 - Depósito Legal: M-3425-2015 - Printed in Spain.

ET025142/1E5I - 8370078